Die 100 besten Rezepte

Schokolade

LINDA DOESER

p

Entwurf und Realisation: The Bridgewater Book Company Ltd.
Food-Fotografie: Ian Parsons

Parragon
Queen Street House
4 Queen Street
Bath BA1 1HE, UK

Übersetzung aus dem Englischen: Wolfgang Beuchelt und Brigitte Rüßmann, Scriptorium, Köln
Satz: Regine Ermert, Köln
Redaktion: Ralph H. Fischer, Köln
Koordination: Antje Seidel, Köln

ISBN 1-40543-557-7

Printed in China

HINWEISE

Sofern die Schale von Zitrusfrüchten benötigt wird, verwenden Sie unbedingt unbehandelte Früchte.
Sofern nichts anderes angegeben ist, wird Vollmilch (3,5 % Fett) verwendet.

Pfeffer sollte stets frisch gemahlener Pfeffer sein.

Die angegebenen Zeiten können von den tatsächlichen leicht abweichen, da je nach verwendeter Zubereitungsmethode und vorhandenem Herdtyp Schwankungen auftreten.

Die in jedem Rezept angegebenen Nährwertangaben beziehen sich jeweils auf eine Portion. Optionale Zutaten und Varianten sind hier nicht eingerechnet.

Bei Eiern und einzelnen Gemüsesorten, z. B. Kartoffeln, verwenden Sie mittelgroße Exemplare. Kinder, ältere Menschen, Schwangere, Kranke und Rekonvaleszenten sollten auf Gerichte mit rohen oder nur leicht gegarten Eiern verzichten.

Inhalt

Einleitung

Schokolade ist ein ganz besonders verführerisches Lebensmittel. Aber die Experten sind sich noch nicht sicher, welcher ihrer Bestandteile sie so unwiderstehlich macht, dass einige wenige Menschen sogar von ihrem Genuss abhängig werden. Immerhin enthält Schokolade neben den beiden Stimulanzien Theobromin und Koffein auch ein natürliches Amphetamin, das das Nervensystem anregt und für Wohlbefinden sorgt. Dazu kommen noch ihre cremige Konsistenz und der Umstand, dass sie schon auf der Zunge verlockend schmilzt.

Kaum einer kann Schokolade in Form eines Desserts oder Kuchens widerstehen, aber die meisten glauben, dass nur Meisterköche solche Leckereien zubereiten können. Mit diesem Mythos räumen die Rezepte in diesem Buch auf – sie erfordern keine komplizierten Techniken oder Fertigkeiten, sondern nur die Liebe zu gutem Essen und den Wunsch, Familie und Freunde zu verwöhnen. Hier finden Sie Rezeptideen für jede Gelegenheit sowie Anregungen für Konfekte und Drinks. Vorweg stellen wir Ihnen die verschiedenen Schokoladensorten vor und erklären ihre Verarbeitung: von der Auswahl und Lagerung über das Schmelzen bis zum Kreieren von Dekorationen.

Aber Schokolade ist nicht nur köstlich, sondern auch äußerst nahrhaft. 100 g Schokolade liefern 600 Kilokalorien Energie in Form von Fett, Zucker, Eiweiß und Eisen. Dies sichert ihr einen Stammplatz in den Überlebensrationen von Soldaten und Bergsteigern.

Die Geschichte der Schokolade

Der Kakaobaum wird bereits seit dem 7. Jahrhundert kultiviert und stammt ursprünglich aus Mittel- und Südamerika. Sein botanischer Name lautet *Theobroma cacao*, was „Nahrung der Götter" bedeutet.

Die Schokolade, wie wir sie heute kennen, hat nur noch wenig mit *Xocoatl* gemeinsam, einem Aufguss, den die Azteken, Mayas und Inkas tranken. Er war extrem bitter und wurde häufig mit Gewürzen wie Chili versetzt. Durch das Eingießen aus größerer Höhe bildete sich auf dem Getränk ein Schaum, der besonders beliebt war.

Die Kakaobohnen wurden hoch geschätzt und sogar als Währung gehandelt. Dank ihres Wertes besaß Schokolade eine zeremonielle Bedeutung und kam bei Festmahlen, Opferritualen und der Salbung von Neugeborenen zum Einsatz.

Die ersten Europäer begegneten der Nahrung der Götter 1502 auf der vierten Reise des Kolumbus, als man ein mit Kakaobohnen und anderen Schätzen beladenes Handelsboot der Mayas kaperte. Kolumbus kannte zwar den Wert des Kakaos als Zahlungsmittel, nicht aber seine Bedeutung als Getränk. Erst 20 Jahre später entdeckten die spanischen Eroberer den tatsächlichen Wert der schwarzen „Mandeln". Zunächst waren die Konquistadoren von dem dunklen, bitteren Getränk wenig angetan, lernten es aber rasch schätzen, zumal ihm eine aphrodisierende Wirkung nachgesagt wurde. Cortés nahm einige Bohnen mit auf den Heimweg und pflanzte sie unterwegs in Afrika an. Man versetzte den Kakao mit Zucker sowie Vanille und Zimt, und schon bald konnten die Spanier überhaupt nicht mehr von ihm lassen. Da die Damen selbst während der Predigt nicht auf das Getränk verzichten wollten, wetterten die Priester von der Kanzel gegen dieses Genussmittel.

Es gelang dem spanischen Hof bis 1606, das Geheimnis der Schokolade zu wahren – dann brachte Antonio Carlutti es nach Italien, von wo aus die Schokolade schnell ganz Europa eroberte. Italienische Köche begannen schon recht früh, Schokolade als Zutat in herzhaften und süßen Gerichten wie Sorbets und Eiscremes auszuprobieren.

Zu Beginn des 17. Jahrhunderts war das aufregende neue Getränk noch ein teurer Luxus, den sich nur die Aristokraten leisten konnten. Schon bald aber wurden überall in Europa Schokoladenhäuser eröffnet, die sich als Treffpunkte oppositioneller Intellektueller und Freidenker etablierten, daneben wurden sie aber auch gern von Dichtern und Möchtegern-Politikern frequentiert – in London etwa waren sie Vorläufer der Herrenklubs, und Karl II. ließ sie als Brutstätten radikaler politischer Ideen verbieten.

Die Trinkschokolade dieser Zeit wurde aus einer krümeligen, groben Paste mit hohem Fettgehalt zubereitet. Zwei Jahrhunderte später entwickelte dann ein Niederländer namens C. J. van Houten eine Schraubpresse, die den Bohnen das Fett bzw. die Kakaobutter entzog und einen pulverigen Rückstand hinterließ, den man Kakao nannte. Das Pulver ließ sich einfach in Wasser auflösen und war besser verdaulich als die fetthaltige Trinkschokolade. Auch für die überschüssige Kakaobutter fand sich schnell eine Verwendung, als das englische Unternehmen Fry & Sons sie mit Zucker und Kakaomasse zur ersten Ess-Schokolade verarbeitete. Lange Zeit blieb der Preis für Schokolade aufgrund erheblicher Importzölle für die Kakaobohnen hoch. Dies änderte sich erst 1853, als die Zölle gesenkt wurden und zudem billiger Importzucker verfügbar war. Nichtsdestotrotz blieb Schokolade ein Luxusgut.

Die frühe Ess-Schokolade besaß eine grobe, körnige Konsistenz. Die erste Milchschokolade entstand unter Zugabe von Milchpulver, einem neuen Produkt des Schweizers Henri Nestlé. Hierzu wurden Milch und Kakaomasse gemischt und getrocknet und dann mit Kakaobutter in einem Prozess vermischt, der dem modernen Milchschokoladen-Crumb-Verfahren sehr ähnlich war. Die Schweizer beherrschten den Markt für Milchschokolade bis ins frühe 20. Jahrhundert hinein und verbesserten ihr Rezept kontinuierlich, bis die Schokolade endlich den cremigen, zarten Schmelz unserer Tage besaß.

Eine größere Verbreitung erfuhr die Schokolade, als sie während des 1. Weltkriegs zum Bestandteil der Soldatenrationen wurde. Nach dem Krieg fiel der Preis für Schokolade dank sinkender Kosten für die Rohstoffe und technologischer Fortschritte bei der Verarbeitung. Bei Beginn des 2. Weltkriegs überstieg schließlich der Verkauf von Schokoladenkonfekt den von Zuckerkonfekt – und daran hat sich bis heute nichts geändert.

Schokoladenherstellung

Der Kakaobaum, botanisch *Theobroma cacao*, wird in der tropischen Zone bis zum 20. Breitengrad beiderseits des Äquators kultiviert. Er benötigt ganzjährig Feuchtigkeit und Temperaturen, die niemals unter 18 °C fallen. Westafrika liefert 60 Prozent der Weltproduktion an Kakao, während Brasilien der größte Erzeuger Südamerikas ist. Die Bäume, die zum Schutz vor der Sonne unter Bananen- oder Gummibäumen gepflanzt werden, tragen ab dem dritten bis fünften Jahr Samenkapseln.

Auch wenn die Blüten das ganze Jahr über blühen, produzieren pro Baum nur etwa 30 von ihnen rote oder gelbe spindelförmige Kapseln, die direkt aus dem Stamm wachsen. Jede Kapsel enthält 30–40 weiße oder violette Samenkörner: die Kakaobohnen.

Nach der Ernte werden die Kapseln geöffnet und der Inhalt ausgeschabt. Kerne und Fruchtfleisch werden auf Bananenblättern ausgebreitet und mit einer Lage feuchter Blätter abgedeckt. Dann lässt man sie fünf bis sechs Tage in der Sonne gären. Bei der Gärung verflüssigt sich das Fruchtfleisch und läuft ab, die Bohnen nehmen schließlich eine dunkelbraune Farbe an. Diese Fermentation ist wichtig für einen vollen Geschmack. Anschließend werden die Bohnen in der Sonne getrocknet und zur Weiterverarbeitung exportiert.

Nach dem gründlichen Reinigen werden die Bohnen geröstet, wodurch sich der Kakaogeschmack weiter entwickelt. Dann werden die Kerne oder *nibs* aus den Bohnen herausgelöst und unter sorgfältiger und beständiger Kontrolle der Temperatur gemahlen. Dadurch wird ihnen die Kakaobutter entzogen, und es bleibt eine dickflüssige Paste zurück: die Schokoladenmasse, die man aushärten lässt. Durch weitere Pressung wird ihr noch mehr Kakaobutter entzogen und der verbleibende feste Presskuchen zu Kakaopulver zermahlen. Zur Herstellung von Zartbitterschokolade werden der Schokoladenmasse wieder Kakaobutter und Zucker hinzugefügt. Für Milchschokolade mischt man Milchpulver bei.

In einem nächsten Schritt wird das Produkt „conchiert". Dazu wird die halbflüssige Mischung in Maschinen bei 55 bis 85 °C unablässig geknetet. Dies entzieht ihr Feuchtigkeit, verbessert die Konsistenz und entwickelt den Geschmack. Je nach gewünschter Qualität kann der Vorgang zwischen einigen Stunden und einer Woche dauern. Gegen Ende des Conchierens werden Aromastoffe hinzugegeben. In Europa und Nordamerika bevorzugt man vor allem Vanille, aber auch Aromen wie Minze, Kaffee und Orange werden gern verwendet.

Bevor die Schokolade zu Tafeln oder anderen Formen gegossen wird, lässt man sie kontrolliert auf 26 °C abkühlen. Dadurch erhält sie eine bessere Konsistenz sowie einen intensiveren Glanz und ist länger haltbar.

Schokoladensorten

Bitterschokolade ist ungesüßt. Sie eignet sich sehr gut zum Backen, ist aber nicht überall erhältlich.

Kuvertüre ist Schokolade mit einem sehr hohen Gehalt an Kakaobutter. Sie hat gute Fließeigenschaften und empfiehlt sich damit fürs Glasieren. Man erhält sie in Zartbitter- und Milchvarianten.

Zartbitterschokolade ist für das Backen die erste Wahl, da sie einen schönen kräftigen Schokoladengeschmack ergibt.

Hochwertige Schokolade erhält man auch in vielen Supermärkten. Über die Qualität gibt die Verpackung Auskunft: Eine sehr gute Schokolade sollte mindestens 50 % Kakao enthalten. Schokolade mit einem Kakaoanteil von über 65 % kann allerdings gewöhnungsbedürftig sein, da sie sehr intensiv und bitter schmeckt. Es lohnt sich, immer die beste Qualität zu verarbeiten, da sie sich direkt in der Güte des fertigen Gerichts widerspiegelt.

Milchschokolade ist für die meisten Rezepte ungeeignet, da sie sehr süß ist und keinen besonders ausgeprägten Geschmack besitzt. Man kann sie allerdings zu Dekorationszwecken mit Zartbitterschokolade mischen. Sie sollte einen Kakaoanteil von mindestens 40 % haben.

Weiße Schokolade ist keine Schokolade im engeren Sinne, da sie zwar Kakaobutter, Milch und Zucker, aber keine Schokoladenmasse enthält. Sie wird wegen ihres schwachen Geschmacks in der Regel nicht zum Backen verwendet, eignet sich aber wegen ihrer cremigen Konsistenz für kalte Desserts und bietet einen schönen Kontrast zur Zartbitterschokolade.

Küchenfertige **Schokoladenglasur** kommt für die Rezepte in diesem Buch nicht in Frage. Sie enthält mindestens 2,5 % Kakao und Pflanzenöl statt Kakaobutter. Sie ist deutlich billiger als echte Schokolade, dafür aber in Geschmack und Konsistenz minderwertig. Andererseits ist sie leichter zu verarbeiten, da sie besser schmilzt und schneller wieder fest wird.

Mit **Kakaopulver** lässt sich beim Backen unkompliziert ein kräftiger Schokoladengeschmack erreichen, aber aufgrund der pulverigen Konsistenz eignet es sich nicht für ungebackene Gerichte. Ein guter Ersatz für Bitterschokolade ist eine Mischung aus drei Esslöffeln Kakaopulver und einem Esslöffel Butter. Für Zartbitterschokolade gibt man zusätzlich einen Esslöffel Zucker hinzu.

Trinkschokolade ist eine Mischung aus Kakaopulver und Zucker und in der Regel zu süß zum Backen, wenn man nicht gleichzeitig die Zuckermenge des Rezepts entsprechend verringert.

Karob oder Karobe ist keine Schokolade, sondern das getrocknete und pulverisierte Fruchtfleisch des Johannisbrotbaums. Da es in Geschmack und Verarbeitungsmöglichkeiten der Schokolade ähnelt, verdient es in diesem Buch Erwähnung. Der Johannisbrotbaum wird im gesamten Mittelmeerraum und in den Vereinigten Staaten angebaut. Seine Kapseln entwickeln eine dunkelbraun glänzende, ledrige Hülle. Die Kerne werden verarbeitet und als Geliermittel verwendet, während man die Kapseln röstet, mahlt und zu Karobe siebt, die zum Backen verwendet wird. Das Pulver formt man unter Zugabe von Rohrzucker, Pflanzenfetten, Magermilchpulver, Lezithin und Geschmacksstoffen zu Tafeln. Karobe ist vitamin- und mineralstoffreich, enthält weder raffinierten Zucker noch Theobromin, Koffein oder Oxalsäure und hat weniger Kalorien als Schokolade. Sie kann bei vielen Rezepten als Ersatz für Schokolade dienen, entwickelt aber beim Schmelzen nicht den schönen Glanz echter Schokolade.

Auswahl und Lagerung

Die Oberfläche von Schokolade sollte glänzend und glatt sein. Zartbitterschokolade sollte eine tief mahagonibraune Farbe haben und keinesfalls schwarz sein. Beim Abbrechen eines Stücks von der Tafel sollte es hörbar knacken, und die Bruchstelle sollte fein absplittern. Beim Schmelzen auf der Zunge soll die Schokolade einen sauberen Geschmack hinterlassen und im Aroma an Karamell, Holz, Früchte, Blüten oder Gewürze erinnern. Sie sollte cremig statt ölig sein und schnell schmelzen.

Bei richtiger Lagerung halten sich Zartbitter- und Milchschokolade etwa ein Jahr lang, während weiße Schokolade nach rund acht Monaten verdirbt. Die Schokolade sollte gut verpackt an einem kühlen, trockenen Ort bei 16 bis 18 °C gelagert werden. „Reif" ist eine gräulich weiße Ablagerung auf der Oberfläche falsch gelagerter Schokolade. Er sieht zwar nicht schön aus, hat aber keine Auswirkung auf den Geschmack und bedeutet nicht, dass die Schokolade verdorben ist. Üblicherweise entwickelt Schokolade bei einer Lagerung unter 13 °C Reif und beginnt zu „schwitzen", sobald sie wieder Zimmertemperatur annimmt. Auch zu warm gelagerte Schokolade entwickelt Reif.

„Fettreif" entsteht beim Erhitzen und Abkühlen der Schokolade. Er ist ölig und lässt sich leicht von der Oberfläche abwischen. „Zuckerreif" zeigt sich als weiße Kruste auf im Kühlschrank gelagerter Schokolade.

Schokolade in der Küche

In der europäischen und nordamerikanischen Küche dient Schokolade als Geschmacksgeber für Puddings, Desserts, Kuchen, Gebäck und Eiscreme und wird häufig mit Nüssen, Früchten, Orangenaroma, Minze, Kaffee und Spirituosen kombiniert. In Form von Kakao liefert sie einen konzentrierten Geschmack und wird für Backwaren und Glasuren verwendet. Für gehaltvollere Kuchen, Cremes, Mousses, Soufflés, Saucen und Eiscremes greift man eher zu geschmolzener Blockschokolade.

Im Allgemeinen gilt Schokolade vor allem als Zutat für süße Gerichte, sie kann aber auch für Herzhaftes wie Wildsaucen und die berühmten mexikanischen Mole-Saucen verwendet werden. In solchen herzhaften Saucen wirkt die Schokolade gleichzeitig als Geschmacksverstärker und verleiht ihnen eine intensive dunkle Färbung. Die Italiener verwendeten vermutlich als Erste Schokolade in herzhaften Gerichten wie Fleischpasteten; heute findet sie sich noch in der süß-sauren *Salsa Agrodolce*, die zu Wildschwein und Hase serviert wird. Die Spanier übernahmen diese Idee, und so gibt es bis heute viele katalanische Gerichte, die mit Schokolade gewürzt sind. Daneben zeigt sich der spanische Einfluss auch in der Verwendung der Schokolade bei vielen lateinamerikanischen Gerichten.

Schokolade schmelzen

Schokolade brennt sehr schnell an, wenn sie über 44 °C erhitzt wird, und stockt dann zu harten Klumpen. Das gleiche passiert, wenn sie beim Schmelzen mit kühlerer Flüssigkeit in Kontakt kommt – wenn das geschieht, ist sie kaum mehr zu retten, außer vielleicht durch die Zugabe von etwas Öl. Besondere Vorsicht ist beim Schmelzen von weißer Schokolade geboten, da sie ausgesprochen hitzeempfindlich ist.

Unbedenklich kann man Schokolade zusammen mit etwas Milch, Sahne, Wasser oder Alkohol schmelzen – sie schmilzt übrigens schneller und gleichmäßiger, wenn man sie zuvor in möglichst kleine Stücke bricht. Man darf sie erst verrühren, wenn sie vollständig geschmolzen ist, und dann sollte man sie äußerst vorsichtig nur mit einem Holzlöffel glatt rühren.

Man kann Schokolade auch in eine größere Menge bereits erhitzter Flüssigkeit geben, darin schmelzen und die Mischung dann glatt rühren.

So gibt es mehrere Methoden, Schokolade zu schmelzen. Die bewährtesten sind im Folgenden aufgelistet.

Über heißem Wasserdampf: Die Schokolade in kleine Stücke brechen, in eine kleine Metallschüssel geben und so über einen Topf mit leicht köchelndem Wasser setzen, dass der Boden der Schüssel das Wasser nicht berührt. Den Topf vom Herd nehmen und ruhen lassen, bis die Schokolade geschmolzen ist.

Im Backofen: Die Schokolade in eine kleine flache Auflaufform geben und in den auf 110 °C vorgeheizten Backofen stellen, bis die Schokolade geschmolzen ist.

In der Mikrowelle: Die Schokolade in eine mikrowellengeeignete Schüssel geben und unter gelegentlichem sanftem Rühren 1–2 Minuten bei voller Leistung schmelzen. Die genaue Zeit hängt von der Schokoladenmenge, der Größe des Gefäßes und

der Leistung der Mikrowelle ab. Weiße Schokolade bei halber Leistung in 1-minütigen Intervallen schmelzen, dabei zwischen den Intervallen rühren.

Im Gefrierbeutel: Dies ist eine saubere und bequeme Methode, kleine Mengen Schokolade für eine Spritzdekoration (siehe Seite 11–12) zu schmelzen. Die Schokolade in einen kleinen Gefrierbeutel füllen, fest verschließen und den Beutel in einen Topf mit heißem Wasser geben. Wenn die Schokolade geschmolzen ist, eine Ecke des Beutels abschneiden und die Dekoration spritzen.

Tipps zum Schmelzen:

- Geschmolzene Schokolade leicht abkühlen lassen, bevor sie zu anderen Zutaten gegeben wird.
- Eine kleine Menge Butter oder Öl macht die Schokolade cremiger und für Glasuren geeigneter.
- Es ist besser, die Schokolade zu anderen Flüssigzutaten zu geben, als Flüssigkeiten zur Schokolade zu gießen.
- Bei der Verwendung von Schokolade in Kuchenrezepten die Schokolade hinzugeben, bevor Eier und Mehl verarbeitet werden.
- Bei Mousse oder Soufflé die geschmolzene Schokolade zunächst mit dem Eigelb und den Aromazutaten verrühren und erst dann Sahne und Eiweiß zugeben.

Dekorationen

Eine attraktive Dekoration ist der krönende Abschluss für einen mit Sorgfalt und Liebe zubereiteten Schokoladenkuchen, einen Pudding oder ein Dessert. Einige Schokoladendekorationen erfordern anfangs ein wenig Übung und gelingen nicht immer beim ersten Versuch. Andere wiederum sind recht einfach herzustellen. Anfänger sollten zunächst mit Schokoladenglasur üben statt mit hochwertiger Schokolade. Glasur hat den großen Vorteil, dass man sie jeder Zeit wieder einschmelzen und es erneut versuchen kann. Die fertigen Dekorationen sollten an einem kühlen Ort fest werden. Im Kühlschrank entwickeln sie sehr schnell einen äußerst unattraktiven „Reif".

Einige einfache Dekorationen wie Schokoladenlocken, Schokoladenraspel und Schokoladenblätter werden auf den folgenden Seiten beschrieben. Auch halb mit Schokolade überzogene Früchte sind im Nu fertig und sehr dekorativ. Sie sehen nicht nur gut aus, sondern schmecken auch köstlich.

Schokoladenraspel: eine der am einfachsten herzustellenden Dekorationen.

Je nach verwendeter Reibe lassen sich viele Effekte von feinem Pulver bis hin zu zarten Locken erzielen. Mit Schokoladenraspel kann man ein Dessert bestreuen oder einen mit Sahne oder Buttercreme überzogenen Kuchen bestäuben. Sehr attraktiv sind auch abwechselnde Streifen aus geriebener weißer und Zartbitterschokolade. Außerdem kann man selbst gemachte Trüffel in fein geriebener Zartbitter-, Milch- oder weißer Schokolade wälzen.

Schokoladenlocken: Hierfür verwendet man eine dicke Tafel, die nicht allzu hart sein darf, auch weder zu kalt noch zu warm. Die richtige Konsistenz kann man nur durch Ausprobieren herausfinden. Fahren Sie mit einem Gemüseschäler an der Schmalseite der Tafel entlang und lassen Sie die entstehenden Locken auf einen Teller fallen. Heben Sie sie anschließend vorsichtig mit der Messerspitze auf den Kuchen oder das Dessert.

Schokoladenröllchen: Streichen Sie eine dünne Lage geschmolzene Schokolade auf eine glatte Platte (vorzugsweise Marmor). Sobald sich die Schokolade gesetzt hat, aber noch weich ist, setzen Sie einen Küchenspatel oder ein breites Messer im 45°-Winkel auf die Platte und schieben die Schokolade nach vorn, sodass lange Röllchen entstehen. Heben Sie die Röllchen vorsichtig mit einer Messerspitze an. Sie halten sich gut verschlossen für kurze Zeit im Kühlschrank.

Schokoladenblätter: Schokoladenblätter sind leicht mithilfe von frischen Blättern herzustellen. Verwenden Sie Blätter mit kräftiger Äderung und attraktiver Form (aber natürlich keine giftigen!). Am besten eignen sich Rosenblätter, die Sie waschen, gründlich trocknen und dann auf der Unterseite mit geschmolzener Schokolade bestreichen. Lassen Sie die überzogenen Blätter auf Backpapier vollständig aushärten und ziehen Sie die einzelnen Blätter dann von der Spitze her von der Schokolade ab.

Schokoladenformen: Für Quadrate, Rauten und Dreiecke streichen Sie eine dünne Schicht geschmolzene Schokolade auf Backpapier und lassen sie kurz fest werden. Schneiden Sie die Schokolade mit Hilfe eines Lineals und eines scharfen Messers zunächst zu einem Quadrat und dann in kleinere Formen wie Vierecke, Rauten oder Dreiecke. Lassen Sie sie an einem kühlen Ort ganz aushärten, bevor Sie das Papier vorsichtig abziehen. Für andere Formen können Sie auch Teigausstecher verwenden. Solch dünne Schokoladenformen verderben schnell, sollten also nicht lange aufbewahrt werden. Da sie recht empfindlich sind, sollte man sie in einem luftdicht schließenden Gefäß im Kühlschrank aufbewahren. Wenn sie bei Zimmertemperatur aushärten und nicht zu lange gelagert werden, entwickeln sie auch keinen Reif.

Schokoladenförmchen: Überziehen Sie die Innenseite von papierenen Back- oder Pralinenförmchen mittels eines Pinsels mit einer dünnen Schicht leicht abgekühlter geschmolzener Schokolade. Sobald sie vollständig ausgekühlt ist, können Sie eine weitere Schicht auftragen. Lassen Sie die Förmchen vollständig aushärten, und ziehen Sie das Papier dann vorsichtig ab. Die Schokoladenförmchen eignen sich hervorragend für Obst mit Sahne, Mousse oder Eiscreme. Kleine Förmchen kann man mit Nüssen oder Trüffelcremes füllen.

Schokoladenmuscheln: Große Muscheln lassen sich gut mit Obst oder Eiscreme füllen, während kleine eine schöne Dekoration für Kuchen und Desserts sind. Schlagen Sie die Schalen von Jakobs- oder anderen Muscheln mit Frischhaltefolie aus und bestreichen Sie die Folie mit einer gleichmäßig dünnen Schicht Schokolade. Lassen Sie sie fest werden, und tragen Sie dann eine zweite Schicht auf. Sobald die Schokolade vollständig ausgehärtet ist, ziehen Sie die Folie vorsichtig ab.

Spritzschokolade: Verwenden Sie für Spritzschokolade einen Spritzbeutel mit feiner Tülle oder einen Spritzbeutel aus Backpapier. Alternativ können Sie die Schokolade auch direkt aus einem kleinen Gefrierbeutel spritzen (siehe Seite 10). Professionell wirkt es, wenn Sie eine Schrift oder

ein Muster aus geschmolzener Schokolade direkt auf einen Kuchen oder ein Dessert spritzen. Die einfachsten Verzierungen sind geträufelte Zufallsmuster. Für einen Federeffekt überziehen Sie die Oberseite eines Kuchens mit einer weißen Glasur und spritzen sofort eine gleichmäßige Spirale aus geschmolzener Schokolade darauf. Ziehen Sie dann mit einer Messerspitze Linien vom Rand des Kuchens zur Mitte hin, sodass die Oberfläche in vier Felder geteilt wird. Anschließend ziehen Sie mit dem Messer dazwischen Linien von der Mitte zum Rand hin.

Spritzdekorationen: Zeichnen Sie den Umriss einer beliebigen Form auf Backpapier, und füllen Sie geschmolzene Schokolade in einen Papierspritzbeutel. Lassen Sie die Schokolade einige Sekunden abkühlen und leicht andicken, schneiden Sie dann die Spitze des Beutels ab, und zeichnen Sie mit der Schokolade den gezeichneten Umriss nach. Lassen Sie die Schokolade aushärten, und heben Sie die Formen vorsichtig vom Papier.

Gebogene Spritzdekorationen: Legen Sie Backpapier halb um eine Teigrolle, und spritzen Sie die Schokolade in geometrischen oder Spiralmustern darauf. Nicht zu dünn spritzen, da die Schokolade sonst bricht. Lösen Sie die ausgehärteten Formen vorsichtig vom Papier ab.

Schokoladenkörbchen: Überziehen Sie ein Ramequin-Förmchen straff mit Frischhaltefolie, und stellen Sie es auf den Kopf. Spritzen Sie jeweils einen Ring aus Schokolade um den oberen und den unteren Rand, und verbinden Sie die beiden Ringe mit einem Gittermuster. Wenn die Schokolade ausgehärtet ist, entfernen Sie Förmchen und Folie.

Gekaufte Dekorationen:

Sie können auch auf eine reiche Auswahl an Fertigprodukten zurückgreifen. Besonders in der Vorweihnachtszeit führen die meisten Supermärkte eine große Auswahl an unterschiedlichen Dekorationen.

Schokotröpfchen: Schokotröpfchen gibt es in den Varianten Zartbitter, Milchschokolade und Weiß. Sie haben den großen Vorteil, dass sie in Kuchen und Gebäck auch beim Backen nicht schmelzen. Daneben lassen sie sich auch als einfache Dekoration verwenden. Leider sind sie in Deutschland noch nicht überall erhältlich.

Schokolinsen: Bunte Schokolinsen sind eine schöne Dekoration für Kindergebäck.

Borkenschokolade: Mit kleinen Stücken Borkenschokolade dekorieren Sie Torten, Drinks und Eiscremes. Da sie leicht bröckelt, ist sie auch ein guter Ersatz für geriebene Schokolade. Man erhält sie in allen Schokoladenvarianten.

Schokostreusel: Sie eignen sich gut zum Bestreuen von Kuchen, Torten und Eiscremes. Außerdem kann man Schokoladentrüffel mit ihnen verzieren, indem man sie in den Streuseln wendet.

Schokoladenblätter: Für Kuchen, Torten und Desserts.

Schokoladenförmchen und -muscheln: Sie sind in verschiedenen Größen erhältlich und eignen sich als dekorative Behältnisse für Früchte, Eiscremes, Mousses und Cremes.

Grundrezepte

Mürbeteig

Ergibt: 1 Tortenboden (20 cm Ø)
Vorbereitungszeit: 1. Std. 40 Min.

175 g Mehl, plus Mehl zum Bestäuben
100 g Butterflocken
1 EL brauner Zucker
1 Eigelb, mit 1 EL Wasser verrührt

1 Das Mehl in eine große Schüssel sieben und mit der Butter mit den Fingerspitzen fein krümelig verreiben. Nacheinander Zucker und Eigelb einrühren.

2 Zu einem festen Teig kneten. In Frischhaltefolie eingeschlagen 1 Stunde 30 Minuten in den Kühlschrank legen.

3 Den Teig auf einer leicht bemehlten Arbeitsfläche ausrollen und eine Obstkuchenform (20 cm Ø) damit ausschlagen. Dann gemäß dem jeweiligen Rezept weiterverarbeiten.

Mürbeteig-Variante

Ergibt: 8 Tortelettböden (10 cm Ø)
Vorbereitung: 1 Std. 10 Min.

250 g Mehl, plus Mehl zum Bestäuben
1 Prise Salz
100 g Butter
115 g Puderzucker
1 großes Ei, plus 2 große Eigelb

1 Mehl und Salz in eine große Schüssel sieben. Eine Mulde in die Mitte drücken und Butter, Zucker, Ei und Eigelb hineingeben. Die Zutaten mit den Fingerspitzen vermengen, dann nach und nach mit dem Mehl zu einem geschmeidigen Teig verarbeiten.

2 Den Teig schnell mit leichter Hand durchkneten, zu einer Kugel formen und in Frischhaltefolie eingeschlagen 1 Stunde in den Kühlschrank legen und gemäß dem jeweiligen Rezept weiterverarbeiten.

Schokoladenteig

Ergibt: 1 Tortenboden (23 cm Ø)
Vorbereitungszeit: 25 Min.

225 g Mehl, plus Mehl zum Bestäuben
2 EL Kakaopulver
150 g Butter
2 EL feinster Zucker
1–2 EL kaltes Wasser

1 Mehl und Kakaopulver in eine große Schüssel sieben. Mit den Fingerspitzen die Butter in der Mehlmischung verreiben, bis ein feinkrümeliger Teig entsteht. Mit Zucker und ausreichend kaltem Wasser zu einem geschmeidigen Teig verarbeiten.

2 Den Teig in Frischhaltefolie einschlagen und 15 Minuten in den Kühlschrank legen.

3 Anschließend den Teig aus dem Kühlschrank nehmen und auf einer leicht bemehlten Arbeitsfläche ausrollen. Eine Springform (24 cm Ø) damit ausschlagen und gemäß dem jeweiligen Rezept weiterverarbeiten.

Schokoladenteig-Variante

Ergibt: 1 Tortenboden (20 cm Ø)
Vorbereitungszeit: 40 Min.

4 EL Kakaopulver
200 g Mehl, plus Mehl zum Bestäuben
100 g weiche Butter
4 EL feinster Zucker
2 Eigelb
einige Tropfen Vanillearoma
1–2 EL kaltes Wasser

1 Kakaopulver und Mehl in eine große Schüssel sieben. Mit den Fingerspitzen die Butter darin verreiben, bis ein feinkrümeliger Teig entsteht. Den Zucker einrühren, dann Eigelb, Vanillearoma und Wasser hinzufügen.

2 Den Teig auf einer leicht bemehlten Arbeitsfläche ausrollen und eine tiefe Obstkuchen- oder eine Springform damit ausschlagen. 30 Minuten in den Kühlschrank stellen. Dann gemäß dem jeweiligen Rezept weiterverarbeiten.

Schokoladensauce

für 4 Personen
Vorbereitungszeit: 10 Min.

85 g Zartbitterschokolade
150 g Sahne

1 Die Schokolade klein brechen und mit der Sahne in einen Topf geben. Unter ständigem Rühren sanft erhitzen und glatt rühren.

2 In eine Sauciere umfüllen und warm servieren.

Variation

Sie können nach Wunsch auch 1 Esslöffel Weinbrand in die Sauce geben.

Eis & kalte Desserts

Ein schön angerichtetes, köstliches Dessert ist der perfekte Abschluss jeder Mahlzeit. Für manche Menschen ist es sogar das Highlight eines Menüs! Eiscreme und kalte Desserts haben den unschätzbaren Vorzug, dass man sie im Voraus zubereiten kann, um sich anschließend ganz auf die Zubereitung der frischen Speisen zu konzentrieren. Ein weiterer Vorteil gefrorener Süßspeisen ist, dass man sie auch bei einem unerwarteten Besuch sofort zur Hand hat.

Die Rezepte in diesem Kapitel reichen von einfachen Süßspeisen wie Cœur à la crème mit Schokolade *(Seite 31) oder* Schoko-Orangen-Töpfchen *(Seite 39) bis hin zu Kreationen für besondere Anlässe wie die* Doppelte Schoko-Eisbombe *(Seite 17) oder auch die* Kastanien-Schoko-Terrine *(Seite 35). Selbst etwas aufwändigere Rezepte wie* Zuccotto *(Seite 28) oder* Tiramisù *(Seite 42) kann man gut in mehreren Schritten im Voraus zubereiten. Einige der hier vorgestellten Desserts sprechen mit ihren ausgeprägten Aromen von dunkler Schokolade und Likör eher den verwöhnten erwachsenen Gaumen an, z. B. die* Schokoladeneis-Soufflés *(Seite 23), während andere, wie das* Bananen-Karamelleis mit Schokostücken *(Seite 22), eher für Kinder gedacht sind.*

Doppelte Schoko-Eisbombe

Zubereitung: 20 Min.

Vorbereitung: 10 Std. 50 Min.

Für 6–8 Personen

Mit dieser Eisbombe krönen Sie jedes Menü. Sie überwältigt Ihre Gäste mit weißer und dunkler Schokolade.

Variation

Geben Sie zusätzlich 2 Esslöffel Weinbrand zur dunklen und 2 Esslöffel Cointreau zur weißen Eiscreme hinzu.

Tipp

Man kann statt einer Glasschüssel auch eine Kunststoffschüssel verwenden, die man mit Frischhaltefolie ausschlägt, um das Stürzen zu erleichtern.

ZUTATEN

DUNKLE SCHOKOLADEN-EISCREME

2 Eier
2 Eigelb
115 g brauner Zucker
600 g Schlagsahne
225 g Zartbitterschokolade, gehackt

WEISSE SCHOKOLADEN-EISCREME

140 g weiße Schokolade, gehackt
150 ml Milch
55 g brauner Zucker
300 g Schlagsahne
Schokodekoration (siehe Seite 10–12)

1 Eine Glasschüssel (1,5 l) bei niedrigster Temperatur ins Gefrierfach stellen. Für die dunkle Eiscreme den Zubereitungsschritten 1 und 2 auf Seite 18 folgen.

2 Die Masse in der Eismaschine gefrieren. Oder die Mischung in einem großen, abgedeckten Gefriergefäß 2 Stunden einfrieren. Dann in eine Schüssel umfüllen und mit einer Gabel kräftig aufschlagen. Erneut im Gefrierfach anfrieren. Die gekühlte Glasschüssel mit der dunklen Schokoladen-Eiscreme auskleiden und 2 Stunden im Gefrierfach fest werden lassen.

3 Für die weiße Schokoladen-Eiscreme die Schokolade und die Hälfte der Milch in einen Topf geben und die Schokolade bei geringer Temperatur schmelzen. Dann vom Herd nehmen und durchrühren. Zucker und restliche Milch in einem zweiten Topf erhitzen, bis der Zucker aufgelöst ist. Abkühlen lassen, dann in die abgekühlte Schokoladenmischung rühren. Die Sahne in einer Schüssel leicht schlagen, dann die Schokoladenmischung unterziehen. In die Mitte der Eisbombe füllen, abdecken und 4 Stunden im Gefrierfach fest werden lassen. Den Schüsselboden zum Servieren kurz in heißes Wasser tauchen, dann die Bombe vorsichtig auf eine große Servierplatte stürzen, dekorieren und servieren.

Dunkle Schoko-Eiscreme

Für 6 Personen **Vorbereitung: 5 Std.** **Zubereitung: 15 Min.**

Mit etwas Weinbrand schmeichelt diese Eiscreme dem erwachsenen Gaumen – für Kinder lässt man den Alkohol weg.

ZUTATEN

2 Eier

2 Eigelb

115 g brauner Zucker

600 g Schlagsahne

225 g Zartbitterschokolade, gehackt

4 EL Weinbrand

Tipp

Stellen Sie das Gefrierfach 1 Stunde vor dem Einfrieren auf die kälteste Temperaturstufe. Vergessen Sie hinterher nicht, es wieder auf normale Temperatur zurückzustellen.

1

2

2

1 Eier, Eigelb und Zucker in einer Glasschüssel gründlich verrühren. 300 g Sahne und die Schokolade in einem Topf bei geringer Temperatur erhitzen, bis die Schokolade geschmolzen ist. Dann unter ständigem Rühren kurz aufkochen. Unter schnellem Schlagen zur Eimischung gießen, dann die Schüssel so auf einen Topf mit leicht köchelndem Wasser setzen, dass der Schüsselboden das Wasser nicht berührt.

2 Unter Rühren erhitzen, bis die Mischung am Löffelrücken haften bleibt. Durch ein Sieb in eine zweite Schüssel abgießen und abkühlen lassen. Die restliche Sahne und den Weinbrand in einer separaten Schüssel leicht verrühren, dann unter die abgekühlte Schokoladenmischung ziehen.

3 Die Mischung in einer Eismaschine gefrieren. Alternativ die Masse in ein großes Gefrierbehältnis füllen, abdecken und 2 Stunden anfrieren. In eine Schüssel umfüllen und mit einer Gabel aufrühren. Weitere 2 Stunden ins Gefrierfach geben. Die Eiscreme 30 Minuten vor dem Servieren in den Kühlschrank stellen. Eisbällchen auf vier Dessertschalen oder Kaffeetassen verteilen und servieren.

Marmoriertes Schoko-Orangen-Eis

Zubereitung: 15 Min.

Vorbereitung: 10 Std. 45 Min.

Für 6 Personen

Diese ansprechende Mischung von dunkler Schokolade mit Orangenaroma und weißer Schokolade schmeckt einfach köstlich.

Tipp

Nach dem gleichen Rezept können Sie auch ein Minzeis zaubern: Ersetzen Sie dazu nur die Orangen-Schokolade durch eine hochwertige Schokolade mit Minzaroma.

ZUTATEN

175 g weiße Schokolade

1 TL Speisestärke

5 Tropfen Vanillearoma

3 Eigelb

300 ml Milch

450 g Schlagsahne

115 g Zartbitterschokolade mit Orangengeschmack, in Stücken

Orangenzesten, zum Dekorieren

Orangenfilets, zum Servieren

1

2

3

1 Die weiße Schokolade in kleine Stücke hacken und zur Seite stellen. Speisestärke, Vanillearoma und Eigelb in einer Glasschüssel gründlich verrühren. Die Milch in einem großen Topf bei schwacher Hitze aufkochen, dann unter ständigem Rühren zur Eigelbmischung gießen.

2 Die Mischung durch ein Sieb in den Topf zurückgießen und unter Rühren sanft erhitzen, bis sie andickt. Vom Herd nehmen, die weiße Schokolade zugeben und unter Rühren schmelzen. Die Schlagsahne einrühren. 150 ml der Mischung abfüllen und den Rest in ein großes Gefrierbehältnis füllen. Abdecken und 2 Stunden anfrieren. Die Orangen-Schokolade schmelzen (siehe Seite 9–10), unter die zurückbehaltene Mischung rühren und zur Seite stellen.

3 Die angefrorene Eiscreme mit einer Gabel aufrühren. Die Orangen-Mischung löffelweise über die Eiscreme geben und ein Messer so hindurch ziehen, dass eine Marmorierung entsteht. 8 Stunden oder über Nacht in das Gefrierfach stellen. Die Eiscreme 30 Minuten vor dem Servieren in den Kühlschrank stellen. Dann das Schoko-Orangen-Eis auf Dessertschalen verteilen, mit Orangenzesten dekorieren und jeweils mit einigen Orangenfilets servieren.

Weißes Kokos-Schoko-Eis

Für 6 Personen **Vorbereitung: 6 Std.** **Zubereitung: 15 Min.**

Kokoscreme und weiße Schokolade verbinden sich hier zu einem cremig köstlichen Eis mit exotischem Flair.

ZUTATEN

2 Eier
2 Eigelb
115 g brauner Zucker
600 g Schlagsahne
115 g weiße Schokolade, gehackt
115 g Kokoscreme, gehackt
3 EL Kokosrum
exotische Früchte wie Mango, Ananas oder Passionsfrucht, zum Servieren

Variation

Als Alternative zu den Früchten kann man diese Eiscreme vor dem Servieren auch mit Schokoladensauce (siehe Seite 13) übergießen.

Tipp

Das Ausstechen von Kugeln aus der Eiscreme gelingt leichter, wenn man den Portionierer zuvor in eine Schale mit heißem Wasser taucht. Wenn Sie keinen Portionierer haben, können Sie auch einen Suppenlöffel verwenden.

1

1

2

1 Eier, Eigelb und Zucker in einer Glasschüssel gründlich verrühren. 300 g Sahne, Schokolade und Kokoscreme in einem Topf sanft erhitzen, bis die Schokolade geschmolzen ist. Unter ständigem Rühren kurz aufwallen lassen. Unter kräftigem Rühren zur Eimischung gießen, dann die Schüssel so auf einen Topf mit leicht köchelndem Wasser setzen, dass der Schüsselboden das Wasser nicht berührt.

2 Die Mischung unter ständigem Rühren erhitzen, bis sie am Löffelrücken haftet. Durch ein Sieb in eine saubere Glasschüssel umfüllen und abkühlen lassen. Die restliche Sahne und den Rum in einer separaten Schüssel leicht verrühren, dann unter die abgekühlte Schokoladenmischung ziehen.

3 Die Masse in einer Eismaschine gefrieren. Alternativ die Mischung in ein großes Gefrierbehältnis füllen, abdecken und 2 Stunden anfrieren. In eine Schüssel umfüllen und mit einer Gabel aufrühren. Weitere 3 Stunden ins Gefrierfach geben. Die Eiscreme 30 Minuten vor dem Servieren in den Kühlschrank stellen, dann auf Dessertschalen verteilen und mit den exotischen Früchten servieren.

Bananen-Karamell-Eis mit Schokostücken

Für 6 Personen

Vorbereitung: 6 Std. 30 Min.

Zubereitung: 0 Min.

Diese zart schmelzende Eiscreme gewinnt durch die Schokoladenstückchen einen besonderen Biss.

ZUTATEN

4 reife Bananen
Saft von ½ Zitrone
200 g brauner Zucker
500 g Schlagsahne
100 g Zartbitter-Schokotröpfchen
100 g Fudge (Butterkaramell), klein geschnitten, plus etwas mehr zum Dekorieren

Tipp

Die Bananen sollten reif, aber noch nicht braun sein. Der Zitronensaft ist wichtig, weil er verhindert, dass sich die Bananen verfärben.

1 Die Bananen schälen, grob hacken und mit Zitronensaft und Zucker im Mixer gründlich zerkleinern. Dann die Sahne zugießen und erneut gründlich verrühren.

2 Die Masse in der Eismaschine gefrieren, und kurz bevor die Eiscreme fertig ist, die Schokotröpfchen und Fudge-Stücke zugeben. Alternativ die Mischung in ein großes Gefrierbehältnis füllen, abdecken und 2 Stunden anfrieren. In eine Schüssel umfüllen und mit einer Gabel aufrühren. Weitere 2 Stunden ins Gefrierfach geben. Dann erneut aufrühren und Schokotröpfchen und Fudge-Stücke einrühren. Erneut 2 Stunden ins Gefrierfach stellen.

3 Die Eiscreme 15 Minuten vor dem Servieren in den Kühlschrank stellen. Dann auf Dessertschalen verteilen und mit Fudge-Stücken dekoriert servieren.

Schokoladeneis-Soufflés

Zubereitung: 5 Min.

Vorbereitung: 8 Std. 30 Min.

Für 6 Personen

Diese kleinen eleganten Soufflés sehen besonders schön aus, wenn sie mit weißen Schokoladen-Röllchen dekoriert werden.

Tipp

Die Schüssel muss beim Aufschlagen von Eiweiß trocken, absolut sauber und fettfrei sein, da der Eischnee sonst nicht steif wird.

ZUTATEN

100 g Zartbitterschokolade, gehackt

1 EL Instant-Kaffeepulver

2 EL Wasser

4 Eier, getrennt

115 g Puderzucker, gesiebt

225 g Schlagsahne

2 EL Tia Maria

Schokoladenlocken (siehe Seite 10), zum Dekorieren

1 6 Ramequin-Förmchen so mit einem doppelt gelegten Streifen Alufolie umwickeln, dass er 2,5 cm über den oberen Rand ragt. Schokolade, Kaffeepulver und Wasser in einem Topf sanft erhitzen, bis die Schokolade geschmolzen ist. Leicht abkühlen lassen.

2 Eigelb und Puderzucker in einer Rührschüssel cremig schlagen. Die Schokoladenmischung unterziehen. Sahne und Tia Maria in einer separaten Schüssel steif schlagen und zur Seite stellen.

3 Das Eiweiß in einer sauberen Schüssel steif schlagen. 1 Esslöffel des Eischnees unter die Schokoladenmischung ziehen, dann vorsichtig das übrige Eiweiß und die Sahne unterziehen. In die Förmchen füllen und 8 Stunden oder über Nacht einfrieren. Dann die Folie ablösen. Mit Schokoladenlocken dekorieren und servieren.

Italienischer Schoko-Weihnachtspudding

Zubereitung: 5 Min.

Vorbereitung: 8 Std. 15 Min.

Für 10 Personen

Mit diesem festlichen Pudding klingt jedes weihnachtliche Festmahl aufs Harmonischste aus – allerdings spricht nichts dagegen, ihn auch zu anderen Gelegenheiten aufzutischen.

Variation

Ersetzen Sie die Amaretti durch zerkrümelte Vollkornkekse und den Amaretto durch die gleiche Menge Weinbrand.

Tipp

Da der Pudding sehr gehaltvoll ist, sollte er dünn aufgeschnitten werden. Tauchen Sie dazu ein scharfes Messer in heißes Wasser und wischen Sie es vor dem Schneiden trocken.

ZUTATEN

Butter, zum Einfetten
115 g gemischte kandierte Früchte, gehackt
55 g Rosinen
abgeriebene Schale von ½ Orange
3 EL Orangensaft
3 EL Schlagsahne
350 g Zartbitterschokolade, gehackt
115 g Sahnequark
115 g Amaretti, zerkrümelt

ZUM SERVIEREN

125 g Schlagsahne
2 EL Amaretto
25 g Zartbitterschokolade, gerieben

1 Eine Puddingform (850 ml) mit Butter einfetten. Kandierte Früchte, Rosinen, Orangenschale und -saft in einer Schüssel vermengen. Sahne und Schokolade in einem Topf sanft erhitzen, bis die Schokolade geschmolzen ist. Glatt rühren, dann die Früchtemischung unterrühren. Abkühlen lassen.

2 Sahnequark und ein wenig von der Schokoladenmischung in einer großen Schüssel glatt rühren, dann die übrige Schokoladenmischung unterrühren. Die Amaretti zugeben und verrühren. In die Puddingform füllen und über Nacht mit Frischhaltefolie abgedeckt in den Kühlschrank stellen.

3 Den Pudding zum Servieren auf einen gekühlten Servierteller stürzen. Die Schlagsahne mit dem Amaretto in einer Schüssel locker schlagen. Etwas Amaretto-Sahne über den Pudding gießen und mit geriebener Schokolade bestreuen. Zusammen mit der restlichen Sahne servieren.

Schoko-Sorbet

Für 6 Personen

Vorbereitung: 9 Std. 15 Min.

Zubereitung: 10 Min.

Dieses Schoko-Sorbet ist überaus leicht und erfrischend – ein stilvolles Dessert, zu dem man am besten knusprige Plätzchen und frisch aufgebrühten Kaffee reicht.

ZUTATEN

55 g Kakaopulver

150 g brauner Zucker

2 TL Instant-Kaffeepulver

500 ml Wasser

Teegebäck, zum Servieren

Tipp

Dieses Sorbet gelingt in der Eismaschine am besten. Bereitet man es mit der Hand zu, muss man es sehr gleichmäßig anrühren, damit es locker und geschmeidig wird.

1 Das Kakaopulver in einen kleinen Topf sieben, Zucker, Kaffeepulver und etwas Wasser zugeben. Mit einem Holzlöffel zu einer dünnflüssigen Paste verrühren, dann nach und nach das restliche Wasser einrühren. Die Mischung bei schwacher Hitze aufkochen und unter Rühren 8 Minuten sanft köcheln lassen.

2 Den Topf vom Herd nehmen und abkühlen lassen. Die Mischung in eine Schüssel füllen, mit Frischhaltefolie abdecken und zum vollständigen Auskühlen in den Kühlschrank stellen. Anschließend in der Eismaschine gefrieren. Oder die Mischung in ein großes Gefrierbehältnis füllen, abdecken und 2 Stunden anfrieren. Dann das Sorbet aus dem Gefrierfach nehmen und mit einer Gabel aufrühren. Weitere 6 Stunden ins Gefrierfach stellen, dabei alle 2 Stunden aufrühren.

3 Das Schoko-Sorbet 30 Minuten vor dem Servieren in den Kühlschrank stellen. Auf 6 Dessertschalen verteilen und mit dem Teegebäck servieren.

Schokoladen-Kulfi

Zubereitung: 20 Min. **Vorbereitung: 11 Std.** **Für 6 Personen**

Kulfi ist eine gewürzte indische Eiscreme, die traditionell in röhrenartigen Terrakottaformen zubereitet wird. Die Schokolade verleiht diesem Eis eine europäische Note.

Tipp

Verwenden Sie zum Einkochen der Milch einen breiten Topf, damit die Flüssigkeit genug Raum zum Aufschäumen hat. Sie kocht darin auch weit schneller ein.

ZUTATEN

2 l Vollmilch

12 ganze Kardamomkapseln

85 g brauner Zucker

100 g Zartbitterschokolade, gehackt

10 g abgezogene Mandeln, gehackt

25 g geschälte ungesalzene Pistazien, gehackt

1 Milch und Kardamomkapseln in einem großen Topf bei schwacher Hitze aufkochen, dann unter starkem Köcheln auf ein Drittel eindicken lassen.

2 Die Milch durch ein Sieb in eine Glasschüssel gießen und die Kardamomkapseln wegwerfen. Zucker und Schokolade einrühren, bis die Schokolade geschmolzen ist. Die Mandeln und die Hälfte der Pistazien zugeben, dann abkühlen lassen. Die Mischung in einen großen Gefrierbehälter füllen, abdecken und 2 Stunden anfrieren. Dabei alle 30 Minuten mit einer Gabel aufrühren.

3 Die Schokoladen-Kulfi auf 6 Becher verteilen und mit Frischhaltefolie abgedeckt 8 Stunden ins Gefrierfach stellen. Die Böden der Formen vor dem Servieren kurz in heißes Wasser tauchen, dann die Eiscreme auf Dessertteller stürzen. Mit den restlichen Pistazien bestreuen und servieren.

Zuccotto

Für 6 Personen

Vorbereitung: 8 Std. 30 Min.

Zubereitung: 20 Min.

Zuccotto ist ein traditioneller italienischer Nachtisch, bei dem Zartbitterschokolade und Kirschen eine ideale Verbindung eingehen.

ZUTATEN

115 g Margarine, plus etwas mehr zum Einfetten
100 g Mehl
1½ TL Backpulver
2 EL Kakaopulver
115 g brauner Zucker
2 Eier, verquirlt
3 EL Weinbrand
2 EL Kirschwasser

FÜLLUNG

300 g Schlagsahne
25 g Puderzucker, gesiebt
55 g geröstete Mandeln, gehackt
225 g schwarze Kirschen, entsteint
55 g Zartbitterschokolade, fein gehackt

DEKORATION

1 EL Kakaopulver
1 EL Puderzucker
frische Kirschen

Variation

Sie können die frischen Kirschen auch durch abgetropfte Kirschen aus dem Glas ersetzen und das Kirschwasser nach Belieben durch Amaretto.

Tipp

Wenn der Zuccotto gründlich gekühlt wurde, behält er auch auf den Teller gestürzt noch einige Stunden seine Form. Dadurch eignet er sich gut für ein Buffet.

1 Den Backofen auf 190 °C vorheizen. Ein Backblech (30 cm x 23 cm) mit Margarine einfetten oder mit Backpapier auslegen. Mehl, Backpulver und Kakao in eine Schüssel sieben. Zucker, Margarine und Eier zugeben, gründlich verrühren, dann auf dem Backblech verstreichen. 15–20 Minuten backen, bis der Teig aufgegangen und fest ist. 5 Minuten auf dem Blech abkühlen lassen, dann zum Auskühlen auf ein Kuchengitter legen.

2 Mit Hilfe des Randes einer Puddingform (1,2 l) eine runde Scheibe aus dem Teig ausstechen und zur Seite legen. Die Form mit Frischhaltefolie ausschlagen und mit dem Teig auskleiden. Weinbrand und Kirschwasser in einer kleinen Schüssel mischen. Über den Teig sprenkeln, ebenso über die ausgestochene Teigscheibe.

3 Die Schlagsahne für die Füllung in einer Schüssel mit dem Puderzucker steif schlagen, dann Mandeln, Kirschen und Schokolade einrühren. Die Teigform mit der Creme füllen und mit der Teigscheibe abdecken. Mit einem Teller und einem Gewicht beschweren und 6–8 Stunden oder über Nacht in den Kühlschrank stellen. Den Zuccotto zum Servieren auf einen Teller stürzen. Abwechselnd mit Kakaopulver und Puderzucker bestäuben und mit frischen Kirschen dekoriert servieren.

Cœur à la crème mit Schokolade

Zubereitung: 0 Min.

Vorbereitung: 8 Std. 20 Min.

Für 8 Personen

Traditionell wird dieses klassische französische Dessert in herzförmigem Porzellan bereitet – hier eine moderne Variante.

Variation

Für das Fruchtpüree eignen sich auch andere frische Beeren der Saison wie schwarze Johannisbeeren oder Brombeeren.

Tipp

Man kann die authentischen Porzellanförmchen gut durch Joghurtbecher mit Löchern ersetzen. Die halbierten frischen Erdbeeren stehen hier für die Herzform (französisch: *cœur*).

ZUTATEN

225 g Ricotta
55 g Puderzucker, gesiebt
300 g Schlagsahne
5 Tropfen Vanillearoma
55 g Zartbitterschokolade, gerieben
2 Eiweiß

FRUCHTPÜREE

225 g frische Himbeeren
Puderzucker

DEKORATION

frische Erdbeeren, halbiert
frische Himbeeren

1

2

3

1 8 mit Löchern versehene Joghurtbecher mit Musselin ausschlagen. Den Ricotta durch ein Sieb in eine Schüssel streichen. Puderzucker, Schlagsahne und Vanillearoma zugeben und gründlich verrühren. Dann die geriebene Schokolade unter die Ricottamischung rühren. Das Eiweiß in einer separaten Schüssel steif schlagen und dann vorsichtig unter die Ricottamischung heben.

2 Die Masse in die vorbereiteten Joghurtbecher füllen. Die Becher auf einem Tablett oder in einer Schale 8 Stunden oder über Nacht in den Kühlschrank stellen – der Musselin wird den größten Teil der Flüssigkeit aufsaugen.

3 Die Himbeeren im Mixer pürieren. Das Püree durch ein Sieb in eine Schüssel streichen und mit Puderzucker verrühren. Die Desserts zum Servieren auf Teller stürzen und das Himbeerpüree ringsum verteilen. Mit halbierten Erdbeeren und Himbeeren dekorieren und servieren.

Schoko-Rum-Creme

Für 6 Personen

Vorbereitung: 2 Std. 10 Min.

Zubereitung: 3 Min.

Bei diesem Dessert mit Schuss kommt der Herd nur beim Aufwärmen der Creme zum Einsatz – im Handumdrehen zubereitet, kommt es eisgekühlt auf den Tisch.

ZUTATEN

100 g Zartbitterschokolade, in Stücke gebrochen

450 g Schlagsahne

1 EL Puderzucker, gesiebt

2 EL weißer Rum

Schokoladenlocken (siehe Seite 10), zum Dekorieren

Tipp

Dieses Dessert macht sich besonders gut in hohen Teegläsern. Sie können aber genau so gut Kaffeetassen oder Dessertschalen verwenden.

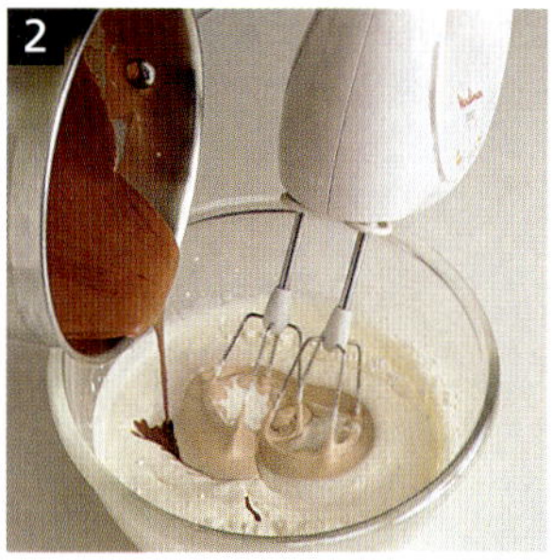

1 Die Schokolade und 150 g Sahne in einem kleinen Topf sanft erhitzen, bis die Schokolade geschmolzen ist. Glatt rühren, dann vom Herd nehmen und abkühlen lassen. Die restliche Sahne in einer großen Schüssel steif schlagen.

2 Puderzucker, Rum und die Schokoladenmischung vorsichtig unter die Schlagsahne ziehen und nur leicht verrühren.

3 Die Mischung auf 6 Dessertschalen oder Teegläser verteilen und mit Frischhaltefolie abgedeckt 1–2 Stunden kalt stellen.

4 Schokoladenlocken herstellen (siehe Seite 10) und vor dem Servieren über die Creme streuen.

Schoko-Erdbeer-Brûlées

Zubereitung: 8 Min.

Vorbereitung: 2 Std. 45 Min.

Für 6 Personen

Keine Angst: Diese Crème brûlée gelingt immer. Knuspriger Karamell verbirgt frische Früchte und eine köstliche Schokocreme – eine durch ihre Schlichtheit bestechende Köstlichkeit.

Tipp

Durch das vorherige Einfrieren kocht die Creme beim Karamellisieren nicht durch den Zucker auf. Man kann den Zucker aber auch mit einem Küchenbrenner karamellisieren.

ZUTATEN

250 g frische Erdbeeren, gewaschen und geputzt

2 EL Obstbrand, z. B. Kirschwasser, oder Crème de Cassis

450 g Schlagsahne

115 g Zartbitterschokolade, geschmolzen und abgekühlt (siehe Seite 9–10)

115 g Demerarazucker

DEKORATION

frische Erdbeeren

frische Minzeblätter

1 Die Erdbeeren je nach Größe halbieren oder vierteln und auf 6 Ramequin-Förmchen verteilen. Mit Obstbrand oder Crème de Cassis beträufeln.

2 Die Sahne in einer Schüssel so lange schlagen, bis sie gerade fest bleibt. Die Schokolade zugeben und weiter schlagen, bis die Creme fest ist. Auf die Erdbeeren verteilen und glatt streichen. Abdecken und 2 Stunden ins Gefrierfach stellen.

3 Den Backofengrill vorheizen. Die Cremes dick mit Zucker bestreuen und auf oberster Schiene rösten, bis der Zucker karamellisiert ist. Die Cremes 30 Minuten ruhen lassen, bis Früchte und Creme ganz aufgetaut sind. Mit frischen Erdbeeren und Minzeblättern dekorieren und servieren.

Schwarz-Weiß-Pudding

Für 4–6 Personen **Vorbereitung: 30 Min.** **Zubereitung: 45 Min.**

Dieses reichhaltige Dessert verbindet die Vorzüge eines Puddings mit denen eines Soufflés.

ZUTATEN

Öl, zum Einfetten

115 g Butter

115 g brauner Zucker

½ TL gemahlener Kardamom

4 Eier, getrennt

115 g Zartbitterschokolade, geschmolzen und abgekühlt **(siehe Seite 9–10)**

1 EL Rum

150 g Schlagsahne

50 g Crème fraîche

Variation

Reichen Sie statt Schlagsahne und Crème fraîche frische Sommerbeeren wie Himbeeren und Johannisbeeren mit Vanilleeis.

Tipp

Wenn der Pudding nach dem Kochen leicht zusammensinkt, ist das nicht schlimm. Sie können die Senke mit der Crème füllen.

1 Eine Puddingform (850 ml) leicht mit Öl einfetten. Butter, Zucker und Kardamom in einer Schüssel cremig schlagen. Nach und nach das Eigelb einrühren. Die abgekühlte Schokolade und den Rum unterziehen. Das Eiweiß steif schlagen und den Eischnee löffelweise unter die Schokoladenmischung ziehen.

2 Die Mischung in die Puddingform geben. Mit eingeöltem Backpapier und Alufolie abdecken und die Folie mit Garn festbinden. Die Form in einen großen Topf stellen, dann Wasser bis zu zwei Drittel der Höhe der Form zugießen. Den Topf abdecken und den Pudding 45 Minuten sanft köcheln lassen.

3 Den Pudding in der Form auskühlen lassen, dann auf einen Servierteller stürzen. Die Schlagsahne mit der Crème fraîche schlagen. Die entstandene Creme über den Pudding geben oder dazu servieren.

Kastanien-Schoko-Terrine

Zubereitung: 5 Min. **Vorbereitung: 8 Std. 30 Min.** **Für 6 Personen**

Man kann die Kombination aus Kastanie und Schokolade klassisch nennen – in dieser köstlichen Terrine in vollendeter Form.

Variation

Sie können den Rum ganz nach Belieben auch durch Marsala oder trockenen Sherry ersetzen.

Tipp

Die Butterkekse sollten nicht zu lange im Rum liegen, da sie sonst zerfallen und unbrauchbar werden.

ZUTATEN

200 g Schlagsahne
115 g Zartbitterschokolade, geschmolzen und abgekühlt (siehe Seite 9–10)
100 ml Rum
1 Päckchen Butterkekse
225 g gesüßtes Kastanienpüree
Kakaopulver, zum Bestäuben
Puderzucker, zum Dekorieren

1 Eine Kastenform (450 ml) mit Frischhaltefolie ausschlagen. Die Sahne in einer Schüssel steif schlagen. Die abgekühlte Schokolade mit einem Spatel unterziehen.

2 Den Rum in eine flache Schale geben. 4 Butterkekse kurz in den Rum tauchen, dann den Boden der Form damit auslegen. Mit 4 weiteren Keksen wiederholen. Die Hälfte der Schokoladencreme auf den Keksen verstreichen. Eine weitere Lage aus 8 in Rum getauchten Keksen darauf anrichten, mit Kastanienpüree bestreichen und mit einer weiteren Lage Kekse abdecken. Die restliche Schokoladencreme auf den Keksen verstreichen und mit einer letzten Lage Kekse abschließen. Mit Frischhaltefolie abgedeckt 8 Stunden oder über Nacht in den Kühlschrank stellen.

3 Die Terrine aus der Form auf einen großen Servierteller stürzen. Mit Kakaopulver bestäuben, dann Papierstreifen ausschneiden und in zufälligem Muster auf der Terrine anordnen. Mit Puderzucker bestreuen, anschließend die Papierstreifen vorsichtig entfernen. Zum Servieren ein scharfes Messer in heißes Wasser tauchen, abtrocknen und die Terrine in Scheiben schneiden.

Schoko-Terrine mit Orangencreme

Für 10–12 Personen

Vorbereitung: 3 Std. 30 Min.

Zubereitung: 10 Min.

Diese Terrine besticht optisch durch drei Schokoladensorten – besonders wenn sie von einer feinen Orangencreme gekrönt wird.

ZUTATEN

6 EL Wasser

3 TL Gelatinepulver

je 115 g Milch-, Zartbitter- und weiße Schokolade, in Stücke gebrochen

450 g Schlagsahne

6 Eier, getrennt

75 g feinster Zucker

ORANGENCREME

25 g feinster Zucker

1 EL Speisestärke

2 Eigelb

150 ml Milch

150 g Schlagsahne

abgeriebene Schale von 1 Orange

1 EL Cointreau

Orangensaft (nach Belieben)

DEKORATION

150 g Schlagsahne, steif geschlagen

Kaffeebohnen mit Schokoladenüberzug

Orangenzesten

Variation

Als Alternative zur Orangencreme können Sie die Terrine auch mit süßer Sahne servieren.

Tipp

Beim Ausschlagen der Kastenform sollte die Frischhaltefolie so weit überstehen, dass sie auch zum Abdecken der Oberfläche dienen kann.

1 Eine Kastenform (1,2 l) mit Frischhaltefolie ausschlagen. 2 Esslöffel Wasser in eine Glasschüssel geben, 1 Teelöffel Gelatine einstreuen und 5 Minuten quellen lassen. Die Schüssel auf einen Topf mit köchelndem Wasser stellen, bis die Gelatine gelöst ist, dann abkühlen lassen. Die Milchschokolade schmelzen (siehe Seite 9–10) und abkühlen lassen. Ein Drittel der Sahne steif und in einer anderen Schüssel 2 Eiweiß steif schlagen. 2 Eigelb und ein Drittel des Zuckers in einer weiteren Schüssel verrühren. Milchschokolade, aufgelöste Gelatine und Sahne einrühren. Den Eischnee unterziehen. In die Form füllen, abdecken und 20 Minuten im Gefrierfach fest werden lassen.

2 Die weiße Schokolade auf die gleiche Weise zubereiten, über die erste Schicht gießen und einfrieren. Ebenso die Zartbitterschokolade zubereiten und als letzte Schicht auf die anderen gießen. 2 Stunden kalt stellen.

3 Zucker, Stärke und Eigelb glatt rühren. Milch, Sahne und Orangenschale in einem Topf erhitzen, dann unter die Eimischung rühren. Durch ein Sieb wieder in den Topf geben und erhitzen, bis die Mischung andickt. Abdecken und abkühlen lassen. Den Cointreau und nach Belieben etwas Orangensaft einrühren. Die Terrine stürzen. Mit Sahne, Kaffeebohnen und Orangenzesten dekorieren und mit Orangencreme servieren.

Weiße Schokoladen-Mousse

Für 6 Personen

Vorbereitung: 8 Std. 15 Min.

Zubereitung: 8 Min.

Mit weißer Schokolade lässt sich eine besonders cremige Mousse herstellen, die hier durch duftendes Rosenwasser veredelt wird.

ZUTATEN

250 g weiße Schokolade, in Stücke gebrochen
100 ml Milch
300 g Schlagsahne
1 TL Rosenwasser
2 Eiweiß
115 g Zartbitterschokolade, in Stücke gebrochen
kandierte Rosenblätter, zum Dekorieren

Variation

Statt der Zartbitterschokolade können Sie als Deckschicht auch Johannisbeer- oder Kirschkonfitüre auf die Mousse geben.

1 Weiße Schokolade und Milch in einem Topf sanft erhitzen, bis die Schokolade geschmolzen ist, dann glatt rühren. In eine große Schüssel umfüllen und abkühlen lassen.

2 Sahne und Rosenwasser in einer separaten Schüssel steif schlagen. Das Eiweiß in einer weiteren Schüssel steif schlagen. Vorsichtig zunächst die Sahne, dann den Eischnee unter die weiße Schokolade ziehen. Die Mischung auf 6 Dessertgläser verteilen und mit Frischhaltefolie abgedeckt 8 Stunden oder über Nacht in den Kühlschrank stellen.

3 Die Zartbitterschokolade schmelzen (siehe Seite 9–10), dann abkühlen lassen. Anschließend gleichmäßig über die Mousse gießen. Die Schokolade fest werden lassen, dann mit Rosenblättern dekorieren und servieren.

Schoko-Orangen-Töpfchen

Zubereitung: 5 Min.

Vorbereitung: 1 Std. 15 Min.

Für 8 Personen

Diese gekühlte Schokoladencreme ist ein Muss für jeden Schokoladenliebhaber. Servieren Sie sie in kleinen Mokkatassen.

Tipp

Kühlen Sie die Creme in den Tässchen nicht länger als 2 Stunden, da sie sonst zu fest wird und sich nur schlecht löffeln lässt.

ZUTATEN

200 g Zartbitterschokolade, in Stücke gebrochen
fein abgeriebene Schale von 1 Orange
300 g Schlagsahne
140 g brauner Zucker
3 EL Cointreau
3 große Eiweiß
dünne Orangenzesten, zum Dekorieren
knuspriges Gebäck, zum Servieren

1 Die Schokolade schmelzen (siehe Seite 9–10) und die Orangenschale einrühren. Die Schlagsahne mit 100 g Zucker und dem Cointreau in einer Schüssel steif schlagen.

2 Das Eiweiß in einer separaten Schüssel steif schlagen, dann nach und nach den restlichen Zucker einrühren. Zunächst die geschmolzene Schokolade, dann 1 Löffel Eischnee unter die Sahne ziehen. Vorsichtig den restlichen Eischnee unterheben und gut mischen.

3 Die Mischung auf 8 Ramequin-Förmchen oder Mokkatässchen verteilen. Abgedeckt 1 Stunde in den Kühlschrank stellen, dann mit Orangenzesten dekorieren und mit knusprigem Gebäck servieren.

Kaffee-panna-cotta mit Schokosauce

Zubereitung: 5 Min.

Vorbereitung: 8 Std. 25 Min.

Für 6 Personen

Panna cotta *bedeutet wörtlich „gekochte Sahne". Der Kaffee und die Schokoladensauce lassen dieses beliebte italienische Dessert in einem völlig neuen Licht erscheinen.*

Variation

Verwenden Sie für besondere Anlässe mit Frischhaltefolie ausgeschlagene Herzformen, die in Küchenfachgeschäften erhältlich sind.

Tipp

Für dieses Dessert verwendet man am besten Metallformen – aus ihnen lässt sich die *Panna Cotta* leichter stürzen als aus Porzellanformen.

ZUTATEN

Öl, zum Einfetten
600 g Schlagsahne
1 Vanilleschote
55 g brauner Zucker
2 TL Instant-Espressopulver, in 4 EL Wasser aufgelöst
2 TL Gelatinepulver
mit Schokolade überzogene Kaffeebohnen, zum Servieren

SAUCE

150 g Schlagsahne
55 g Zartbitterschokolade, geschmolzen (siehe Seite 9–10)

1 6 kleine Puddingformen (150 ml) leicht mit Öl einfetten. Die Schlagsahne in einen Topf geben. Die Vanilleschote aufschneiden und das Mark in die Schlagsahne geben. Vanilleschote und Zucker hineingeben, dann sanft erhitzen, aber nicht kochen. Die Creme durch ein Sieb in eine Glasschüssel abgießen und zur Seite stellen. Den Espresso mit dem Gelatinepulver in einer kleinen Glasschüssel 5 Minuten quellen lassen. Die Schüssel auf einen Topf mit leicht köchelndem Wasser stellen, bis die Gelatine aufgelöst ist.

2 Etwas Creme in die Gelatinemischung rühren, dann die Mischung mit der restlichen Creme verrühren. Die Mischung auf die Puddingformen verteilen und abkühlen lassen, dann 8 Stunden oder über Nacht in den Kühlschrank stellen.

3 Für die Sauce ein Viertel der Sahne in einer Schüssel mit der geschmolzenen Schokolade verrühren. Nach und nach die restliche Sahne bis auf 1 Esslöffel einrühren. Zum Servieren die Böden der Formen kurz in heißes Wasser tauchen und die *Panna cotta* auf 6 Dessertteller stürzen. Mit der Schokoladensauce übergießen. Tropfen der zurückbehaltenen Sahne auf die Sauce träufeln und mit einem Zahnstocher zu Herzen ziehen. Mit Kaffeebohnen dekorieren und servieren.

Tiramisù

Für 8 Personen

Vorbereitung: 3 Std. 30 Min.

Zubereitung: 30 Min.

Die Italiener haben aus Mascarpone, Schokolade, Kaffee und Rum diesen unwiderstehlichen Dessert-Klassiker kreiert, der es in jeder Beziehung in sich hat.

ZUTATEN

Butter, zum Einfetten
3 Eier
140 g brauner Zucker
90 g Mehl
1 TL Backpulver
1 EL Kakaopulver
150 ml kalter schwarzer Kaffee
2 EL Rum
2 TL Kakaopulver, zum Bestäuben

FÜLLUNG

375 g Mascarpone
225 ml Vanillecreme
55 g brauner Zucker
100 g Zartbitterschokolade, gerieben

Variation

Um Zeit zu sparen, verwenden Sie Löffelbiskuits, die Sie in Kaffee tauchen und mit der Mascarponefüllung in eine Schüssel schichten..

Tipp

Nehmen Sie den Mascarpone 30 Minuten vor der Verwendung aus dem Kühlschrank. Er lässt sich dann leichter rühren und mit dem Zucker vermengen.

1 Den Backofen auf 180 °C vorheizen. Eine runde Kuchenform (20 cm Ø) mit Butter einfetten oder mit Backpapier auslegen. Eier mit dem Zucker in einer großen Schüssel locker schlagen. Mehl, Back- und Kakaopulver darüber sieben und vorsichtig einrühren. Die Mischung in die Form geben und 30 Minuten backen, bis der Teig in der Mitte elastisch ist. 5 Minuten in der Form belassen, dann zum Abkühlen auf ein Kuchengitter setzen.

2 Kaffee und Rum in einer Schüssel mischen und zur Seite stellen. Den Mascarpone in einer großen Schüssel glatt rühren. Die Vanillecreme einrühren, dann nach und nach den Zucker unter Rühren hinzugeben. Die geriebene Schokolade unterrühren.

3 Den Kuchen horizontal in 3 Lagen schneiden. Eine Lage auf einen Servierteller legen. Mit einem Drittel der Kaffeemischung besprenkeln, dann mit einem Drittel der Füllung bestreichen. Die Schichtung wiederholen und mit der Mascarponemischung abschließen. 3 Stunden in den Kühlschrank stellen. Vor dem Servieren mit Kakaopulver bestäuben.

Schoko-Amaretto-Käsekuchen

Zubereitung: 1 Std. 10 Min.

Vorbereitung: 3 Std. 30 Min.

Für 10–12 Personen

Amaretto ist ein italienischer Mandellikör, der sich bei diesem Käsekuchen perfekt mit der Zartbitterschokolade ergänzt.

Variation

Statt Amaretto können Sie auch einen anderen Likör, etwa Cointreau oder Weinbrand, verwenden.

Tipp

Nehmen Sie zum Lösen des Kuchens aus der Form ein Palettmesser, da ein scharfes Messer Kuchen und Form beschädigen könnte.

ZUTATEN

Öl, zum Einfetten
175 g Vollkornkekse
55 g Amaretti
85 g Butter

FÜLLUNG

225 g Zartbitterschokolade
400 g Sahnequark, bei Zimmertemperatur
115 g brauner Zucker
3 EL Mehl
5 Tropfen Vanillearoma
4 Eier
300 g Schlagsahne
50 ml Amaretto

BELAG

1 EL Amaretto
200 g Crème fraîche
Amaretti, zerkrümelt

1

2

3

1 Den Boden einer Springform (23 cm Ø) mit Alufolie auslegen und die Wände mit Öl einfetten. Kekse und Amaretti in einem Gefrierbeutel mit der Teigrolle zerkrümeln. Die Butter in einem Topf zerlassen, dann die Kekskrümel einrühren. Die Mischung auf den Boden der Form drücken und 1 Stunde kalt stellen.

2 Den Backofen auf 160 °C vorheizen. Die Schokolade für die Füllung schmelzen (siehe Seite 9–10) und abkühlen lassen. Den Quark in einer Schüssel locker schlagen, dann mit Zucker, Mehl und Vanillearoma glatt rühren. Nach und nach die Eier unterrühren. Die geschmolzene Schokolade, Schlagsahne und Amaretto einrühren. Die Mischung auf dem Teigboden verteilen und 50–60 Minuten backen.

3 Den Käsekuchen im Backofen auskühlen lassen, dann mit einem Messer von der Wand der Form lösen. 2 Stunden in den Kühlschrank stellen, dann aus der Form auf einen Servierteller setzen. Den Amaretto für den Belag mit der Crème fraîche verrühren und auf dem Kuchen verstreichen. Zum Dekorieren die Amaretti um den Kuchen herum streuen.

Marmorierter Käsekuchen

Für 10–12 Personen

Vorbereitung: 3 Std. 45 Min.

Zubereitung: 1 Std. 10 Min.

Mit Käsekuchen liegen Sie immer richtig – insbesondere mit dieser Variante, die ihn noch mit einem Marmormuster aus weißer und dunkler Schokolade bereichert.

ZUTATEN

Öl, zum Einfetten
225 g Schokoladenvollkornkekse
85 g Butter

FÜLLUNG

700 g Sahnequark
175 g brauner Zucker
3 EL Mehl
2 TL Vanillearoma
3 Eier, verquirlt
115 g Zartbitterschokolade, in Stücke gebrochen
115 g weiße Schokolade, in Stücke gebrochen

Variation

Auch ein Boden mit Ingwergeschmack passt hier gut: Ersetzen Sie in diesem Fall die Schokoladenkekse durch Ingwerkekse.

Tipp

Lassen Sie den Kuchen im Backofen bei angelehnter Ofentür vollständig abkühlen – das dauert zwar länger, verhindert aber, dass sich Risse in der Oberfläche bilden.

1 Den Boden einer Springform (23 cm Ø) mit Alufolie auslegen und die Wand mit Öl einfetten. Die Kekse in einem Gefrierbeutel mit der Teigrolle zerkrümeln. Die Butter in einem Topf zerlassen und die Kekskrümel einrühren. Die Mischung auf den Boden der Form mit einem Löffelrücken andrücken und 1 Stunde kalt stellen.

2 Den Backofen auf 160 °C vorheizen. Den Quark für die Füllung in einer Schüssel locker schlagen, dann mit Zucker, Mehl und Vanillearoma glatt rühren. Nach und nach die Eier unterrühren. Die Hälfte der Mischung in eine zweite Schüssel füllen. Die Schokoladen in getrennten Schüsseln schmelzen (siehe Seite 9–10) und abkühlen lassen. Jede Sorte jeweils unter eine Quarkhälfte rühren.

3 Die beiden Füllungen abwechselnd auf dem Teigboden verteilen, dann mit einem Messer marmorieren. 50–60 Minuten backen, anschließend im Backofen auskühlen lassen. Den Kuchen mit einem Messer von der Wand der Form lösen, 2 Stunden in den Kühlschrank stellen, dann zum Servieren aus der Form heben.

Sahnelikör-Käsekuchen

Für 12 Personen

Vorbereitung: 3 Std. 45 Min.

Zubereitung: 5 Min.

Dieser Kuchen wird nicht gebacken und enthält keine Gelatine. Seine Festigkeit verdankt er einem hohen Schokoladengehalt.

ZUTATEN

Öl, zum Einfetten

175 g Schoko-Duo-Cookies (Seite 138)

55 g Butter

FÜLLUNG

225 g Zartbitterschokolade

225 g Milchschokolade

55 g brauner Zucker

350 g Sahnequark

425 g Schlagsahne, geschlagen

3 EL irischer Sahnelikör

ZUM SERVIEREN

Crème fraîche

frisches Obst

Tipp

Kaufen Sie irischen Sahnelikör in Miniflaschen – die richtige Größe für die Küche. Sie können den Likör auch durch Weinbrand ersetzen.

1 Den Boden einer Springform (20 cm Ø) mit Alufolie auslegen und die Wand mit Öl einfetten. Die Cookies in einen Gefrierbeutel füllen und mit der Teigrolle zerkrümeln. Die Butter in einem Topf zerlassen und die Kekskrümel einrühren. Die Mischung auf den Boden der Form drücken und 1 Stunde kalt stellen.

2 Die Schokoladen für die Füllung gemeinsam schmelzen (siehe Seite 9–10), glatt rühren und abkühlen lassen. Zucker und Quark in einer großen Schüssel glatt rühren, dann die Sahne unterziehen. Die Mischung sorgfältig unter die geschmolzene Schokolade ziehen, dann den Sahnelikör einrühren.

3 Die Füllung auf dem Teigboden verteilen und glatt streichen. Abdecken und 2 Stunden im Kühlschrank fest werden lassen. Auf einen Servierteller setzen und in Stücke schneiden. Mit Crème fraîche und frischem Obst servieren.

Schoko-Pistazien-Schnitten

Zubereitung: 5 Min.

Vorbereitung: 1 Std. 50 Min.

Für 6 Personen

Diese appetitlichen Knusperschnitten schmeicheln mit ihrer zarten Pistaziencremefüllung jedem Gaumen.

Tipp

Die Mascarponefüllung darf nicht zu stark geschlagen werden, da sie sonst dünnflüssig wird und schwer zu verstreichen ist.

ZUTATEN

175 g Zartbitterschokolade, in Stücke gebrochen

250 g Mascarpone

1 EL feinster Zucker

4 EL Tia Maria

300 g Schlagsahne

85 g geschälte ungesalzene Pistazien, gehackt

115 g Milchschokolade, gerieben

1 Die Schokolade schmelzen (siehe Seite 9–10) und etwas abkühlen lassen. 6 Streifen Backpapier (6 cm x 27 cm) zuschneiden und mit der Schokolade bestreichen. Auf jedem Schokoladenstreifen mit dem Messer 9 cm lange Stücke markieren. Im Kühlschrank fest werden lassen, dann die Schokoplättchen vorsichtig abziehen.

2 Mascarpone und Zucker in einer Schüssel glatt rühren. Den Tia Maria zusammen mit der Sahne steif schlagen. Die Pistazien und die Milchschokolade einrühren.

3 6 Schoko-Rechtecke mit der Hälfte der Mascarponemischung bestreichen. Jedes mit einem zweiten Rechteck bedecken und mit der restlichen Füllung bestreichen. Mit je einem Rechteck abschließen. Bis zum Servieren kalt stellen.

Schokoladen-Trifle

Zubereitung: 10 Min.

Vorbereitung: 3 Std. 15 Min.

Für 8 Personen

Mit diesem nicht ganz konventionellen Schoko-Trifle mit Obst steht Ihnen ein ideales Dessert für jede Festlichkeit zur Verfügung.

Variation

Sie können das Himbeergelee durch Johannisbeergelee ersetzen und den Trifle mit Johannisbeeren und Himbeeren dekorieren.

Tipp

Tiefgefrorene Beerenmischungen findet man in fast jedem Supermarkt. Wählen Sie eine Mischung, die auch Kirschen enthält.

ZUTATEN

280 g fertiger Schokoladen-Biskuitkuchen
3–4 EL Himbeergelee
4 EL Amaretto
250 g tiefgefrorene Beerenmischung, aufgetaut

CREME

6 Eigelb
55 g brauner Zucker
1 EL Speisestärke
500 ml Milch
55 g Zartbitterschokolade, geschmolzen (siehe Seite 9–10)

BELAG

225 g Schlagsahne
1 EL brauner Zucker
2–3 Tropfen Vanillearoma

DEKORATION

Schokoladentrüffel
frisches Obst, z. B. Kirschen und Erdbeeren

1 Den Kuchen in Scheiben schneiden und mit dem Himbeergelee zu Sandwiches arrangieren. Die Sandwiches in Würfel schneiden, in eine große Salatschüssel geben und mit Amaretto besprenkeln. Die Beeren darauf verteilen.

2 Eigelb und Zucker für die Creme in einer Glasschüssel steif schlagen, dann die Speisestärke einrühren. Die Milch in einem Topf erhitzen, aber nicht aufkochen. Unter Rühren zur Eigelbmischung gießen. Die Mischung in den Topf geben und unter ständigem Rühren kurz aufkochen und andicken. Vom Herd nehmen und leicht abkühlen lassen. Die Schokolade einrühren, dann die Creme über Kuchen und Beeren gießen. Abkühlen lassen, anschließend abgedeckt 2 Stunden im Kühlschrank fest werden lassen.

3 Die Sahne für den Belag steif schlagen, dann Zucker und Vanillearoma einrühren. Über das Trifle geben. Mit Trüffeln und Früchten dekorieren und bis zum Servieren kalt stellen.

Warme Desserts

Da heute nur noch selten warme Nachspeisen und selbst gebackene Puddings auf den Tisch kommen, sind sie immer etwas ganz Besonderes. Viele dieser Desserts sind zwar einfacher zuzubereiten als manche kalte Nachspeise, aber Ihre Gäste werden sich geehrt fühlen, dass Sie sich so viel Mühe gemacht haben.

Einige der folgenden Rezepte gehen auf bewährte Klassiker zurück, die hier und dort entscheidend verfeinert wurden, wie der Schoko-Brotpudding *(Seite 64) und* Gedämpfter Schokoladenpudding *(Seite 68). Einige Desserts wie das* Schokoladen-Fondue *(Seite 59),* Gebackene Pfirsiche mit Schokolade *(Seite 55) und* Gegrillte Schoko-Bananen *(Seite 60) bestechen durch ihre einfache Zubereitung, andere, wie die* Schoko-Crêpes mit exotischen Früchten *(Seite 56) und der* Schokokuchen mit Rosmarincreme *(Seite 66), durch ausgefallene Düfte und Aromen. Viele dieser Nachspeisen können im Voraus zubereitet und kurz vor dem Servieren aufgewärmt werden, und keine erfordert komplizierte Dekorationen oder umständliches Servieren. Verwöhnen Sie also Ihre Gäste und sich selbst mit etwas Besonderem, und genießen Sie die Komplimente.*

Ingwerbirnen mit Schokosauce

Für 4 Personen **Vorbereitung: 20 Min.** **Zubereitung: 25 Min.**

Bei diesem mühelos zubereiteten Dessert gehen Birnen und Schokolade eine perfekte Partnerschaft ein.

ZUTATEN

4 Tafelbirnen

450 ml Wasser

150 g brauner Zucker

10-cm-Stück frische Ingwerwurzel, geschält und klein geschnitten

½ Zimtstange

1 Spritzer Zitronensaft

SAUCE

4 EL Schlagsahne

200 g Zartbitterschokolade, in Stücke gebrochen

Tipp

Verwenden Sie reife, aber noch feste Birnen ohne Druckstellen, die beim Kochen die Form halten. Geeignete Sorten sind unter anderem Anjou und Conference.

1 Die Birnen schälen, aber nicht entstielen. Den Boden jeder Birne flach abschneiden. Die Früchte vorsichtig mit einem kleinen Löffel entkernen.

2 Wasser, Zucker, Ingwer, Zimtstange und Zitronensaft in einem kleinen Topf zum Kochen bringen und 5 Minuten kochen lassen. Die Birnen aufrecht in den Topf stellen und unter gelegentlichem Wenden 15–20 Minuten zart kochen. Jede Birne auf einen Dessertteller setzen.

3 Sahne und Schokolade für die Sauce in einer Glasschüssel auf einen Topf mit leicht köchelndem Wasser stellen, bis die Schokolade geschmolzen ist. Glatt rühren. In eine Sauciere füllen und sofort mit den warmen Birnen servieren.

Gebackene Pfirsiche mit Schokolade

Zubereitung: 30 Min. **Vorbereitung: 15 Min.** **Für 4 Personen**

Die klassische italienische Dessertküche kombiniert gern gebackene Pfirsiche mit Amaretti-Füllung – hier eine moderne Variante.

Tipp

Wählen Sie reife, aber noch feste Pfirsiche. Überreife Früchte zerfallen beim Backen. Verwenden Sie zum Halbieren und Entsteinen ein scharfes Messer, und lassen Sie die Hälften intakt.

ZUTATEN

25 g weiche Butter, plus etwas mehr zum Einfetten

85 g Amaretti, grob zerkrümelt

25 g Zartbitterschokolade, fein gerieben

4 große Pfirsiche

1 EL brauner Zucker

Crème fraîche, zum Servieren

1 Den Backofen auf 190 °C vorheizen. Eine flache Backform mit Butter einfetten. Amaretti, Schokolade und Butter in einer Schüssel mischen. Die Pfirsiche in einer Glasschüssel mit kochendem Wasser bedecken. 1 Minute ziehen lassen, dann in einer Schüssel mit kaltem Wasser 1 weitere Minute ruhen lassen.

2 Die Pfirsiche schälen, halbieren und entsteinen. Die Hälften mit einem Teelöffel weiter aushöhlen. Das ausgelöste Fruchtfleisch hacken und zur Amaretti-Mischung geben.

3 Die Pfirsichhälften mit der Amaretti-Mischung füllen und mit Zucker bestreuen. 30 Minuten backen, bis die Pfirsiche zart sind und die Füllung knusprig ist. Auf einem großen Servierteller anrichten und heiß mit Crème fraîche servieren.

Schoko-Crêpes mit exotischen Früchten

Für 4 Personen | **Vorbereitung: 20 Min.** | **Zubereitung: 15 Min.**

Fast jeder liebt Crêpes – mit exotischen Früchten gefüllt, weiß bestäubt und heiß serviert, sind sie unwiderstehlich.

ZUTATEN

100 g Mehl
2 EL Kakaopulver
1 Prise Salz
1 Ei, verquirlt
300 ml Milch
Öl, zum Backen
Puderzucker, zum Bestäuben

FÜLLUNG

100 g Naturjoghurt
250 g Mascarpone
Puderzucker (nach Belieben)
1 Mango, geschält und gewürfelt
225 g Erdbeeren, geviertelt
2 Passionsfrüchte

Variation

Crêpes kann man mit beinahe Allem füllen – probieren Sie auch gemischte Sommerbeeren oder Himbeeren, Bananen, Birnen und Äpfel.

Tipp

Man kann Crêpes gut im Voraus zubereiten, dann in Alufolie einschlagen und im warmen Ofen aufwärmen. Sie sollten vor dem Füllen und Servieren gut durchgewärmt sein.

1

2

3

1 Für die Füllung Joghurt und Mascarpone in eine Schüssel geben und mit Puderzucker süßen. Mango und Erdbeeren in einer Schüssel vermengen. Die Passionsfrüchte halbieren, Fruchtfleisch und Kerne auslösen und zu Mango und Erdbeeren geben. Früchte- und Mascarponemischung vermengen und zur Seite stellen.

2 Mehl, Kakaopulver und Salz für die Crêpes in eine Schüssel sieben und eine Mulde in die Mitte drücken. Das Ei zugeben und mit dem Schneebesen gründlich verrühren. Nach und nach die Milch zugeben und den Teig glatt rühren. Abdecken und 20 Minuten ruhen lassen. Etwas Öl in einer Pfanne (18 cm Ø) erhitzen. Den Boden der Pfanne dünn mit Teig bedecken und bei mittlerer bis starker Hitze 1 Minute backen, dann wenden und 30–60 Sekunden von der anderen Seite fertig backen.

3 Den fertigen Crêpe auf einem Teller im Backofen warm stellen. Den Vorgang mit dem restlichen Teig wiederholen und die Crêpes stapeln, jeweils durch Backpapier getrennt. Jeden Crêpe füllen, einrollen, mit Puderzucker bestäuben und sofort servieren.

Schokoladen-Fondue

Zubereitung: 5 Min. **Vorbereitung: 20 Min.** **Für 6 Personen**

Gekühlte frische Früchte, in warme Schokolade getaucht – das ideale Dessert für die gesellige Runde mit Freunden.

Variation

Ersetzen Sie für Kinder den Weinbrand durch Orangensaft. Reichen Sie zusätzlich zu den Früchten Kuchenstücke, Plätzchen, Baisers oder Marshmallows.

Tipp

Wenn Sie keinen Fondue-Topf haben, schmelzen Sie die Schokolade in einem kleinen Topf und füllen sie zum Servieren in eine schöne Schüssel um. Wenn sie nicht warm gehalten wird, dickt sie allerdings schnell an.

ZUTATEN

1 Ananas
1 Mango
12 Physalis
250 g frische Erdbeeren
250 g kernlose grüne Weintrauben

FONDUE
250 g Zartbitterschokolade, in Stücke gebrochen
150 g Schlagsahne
2 EL Weinbrand

1 Die Ananas mit einem scharfen Messer schälen und entkernen, dann würfeln. Die Mango schälen und würfeln. Die Hüllblätter der Physalis ganz zurückziehen und zu einem „Griff“ verdrehen. Die Früchte auf 6 Desserttellern anrichten und kalt stellen.

2 Schokolade und Sahne für das Fondue in einen Fondue-Topf geben. Unter ständigem Rühren sanft erhitzen, bis die Schokolade geschmolzen ist. Mit dem Weinbrand glatt rühren.

3 Den Fondue-Topf auf einem Rechaud warm stellen. Am Tisch taucht nun jeder Gast sein Obst mit Fondue-Gabeln oder Bambusspießen in die Schokolade.

Gegrillte Schoko-Bananen

Für 4 Personen **Vorbereitung: 5 Min.** **Zubereitung: 10 Min.**

Dieses Dessert, mit Schlagsahne serviert, verschönert den Ausklang jedes Grillabends. Vorsicht beim Öffnen der heißen Folienpakete!

ZUTATEN

4 Bananen

50 g Schokotröpfchen

50 g Mini-Marshmallows

Schlagsahne, zum Servieren

Variation

Für einen fruchtigeren Geschmack können Sie zusätzlich Früchte wie Erd- und Himbeeren oder Pfirsich- und Mangoscheiben in die Pakete geben.

Tipp

Sie können die Pakete statt auf dem Grill auch 15–20 Minuten bei 220 °C im vorgeheizten Backofen backen.

1 In die Bananen mit einem scharfen Messer eine fast durchgehende Tasche schneiden. Die Taschen mit Schokotröpfchen und Marshmallows füllen und die Bananen fest in Alufolie einschlagen.

2 Die Folienpakete auf den Grillrost legen und 10 Minuten über heißer Kohle backen. Dabei nach 5 Minuten wenden.

3 Die Pakete vorsichtig öffnen und die Bananen mit Schlagsahne servieren.

Kirsch-Schoko-Clafoutis

Zubereitung: 1 Std. **Vorbereitung: 15 Min.** **Für 6–8 Personen**

Clafoutis ist ein traditionelles südfranzösisches Dessert mit Schwarzkirschen, das hier mit Schokolade und Kirschwasser veredelt wird.

Variation

Die schwarzen Kirschen können auch durch anderes frisches Obst wie Pflaumen oder Tafeläpfel ersetzt werden.

Tipp

Clafoutis kann direkt aus dem Backofen serviert werden. Er schmeckt aber besser, wenn man ihn leicht abgekühlt mit etwas Sahne reicht.

ZUTATEN

Butter, zum Einfetten

450 g schwarze Kirschen, entsteint

80 g brauner Zucker

3 Eier

55 g Mehl

½ TL Backpulver

2 EL Kakaopulver

150 g Schlagsahne

300 ml Milch

2 EL Kirschwasser (nach Belieben)

Puderzucker, zum Bestäuben

frische Kirschen, zum Dekorieren

Schlagsahne, zum Servieren

1 Den Backofen auf 190 °C vorheizen. Eine Auflaufform (23 cm) mit Butter einfetten. Die Kirschen in die Form geben, mit 25 g Zucker bestreuen und zur Seite stellen.

2 Eier und restlichen Zucker in einer Schüssel schaumig schlagen. Mehl und Kakaopulver auf einen Teller sieben und zusammen in die Eimischung geben. Gründlich verrühren, dann nacheinander Sahne, Milch und Kirschwasser einrühren. Den Teig über die Kirschen gießen.

3 50–60 Minuten im Backofen backen, bis der Teig leicht aufgegangen und in der Mitte fest ist. Mit Puderzucker bestäuben und mit Kirschen dekorieren. Warm mit Sahne servieren.

Pekannuss-Schoko-Kuchen

Zubereitung: 45 Min. **Vorbereitung: 25 Min.** **Für 6–8 Personen**

Pekannuss-Kuchen ist eine durch und durch amerikanische Spezialität. Durch die Schokolade wird er zum Luxus-Dessert.

Tipp

Verwenden Sie beim Ausrollen des Teigs nicht zu viel Mehl, da dies seine Konsistenz verändert, und rollen Sie ihn immer nur in eine Richtung. Wenn der Teig im Ofen zu schnell bräunt, decken Sie ihn mit Alufolie ab.

ZUTATEN

1 Portion Mürbeteig (siehe Seite 13)
Zimt, zum Bestäuben
Schlagsahne, zum Servieren

FÜLLUNG

55 g Butter
3 EL Kakaopulver
225 ml Zuckersirup
3 Eier
70 g Rohrzucker
175 g geschälte Pekannüsse, gehackt

1 Den Teig auf einer leicht bemehlten Arbeitsfläche ausrollen und eine Obstkuchenform (20 cm Ø) damit auskleiden.

2 Den Backofen auf 190 °C vorheizen. Die Butter für die Füllung in einem kleinen Topf zerlassen. Das Kakaopulver hineinsieben und den Sirup einrühren.

3 Eier und Zucker in einer Schüssel steif schlagen. Sirupmischung und gehackte Nüsse unterrühren. Die Mischung in die Teigform füllen.

4 Den Kuchen 35–40 Minuten backen, bis die Füllung gerade fest ist. Leicht abkühlen lassen, mit Zimt bestäuben und dann warm mit Schlagsahne servieren.

Schoko-Brotpudding

Für 6 Personen

Vorbereitung: 25 Min.

Zubereitung: 55 Min.

Der traditionelle Brotpudding gewinnt hier durch die Schokolade eine neue und ungewohnte Note.

ZUTATEN

70 g weiche Butter, plus etwas mehr zum Einfetten
600 ml Milch
150 g Schlagsahne
75 g Zartbitterschokolade, in Stücke gebrochen
6 dicke Scheiben Früchtebrot
3 Eier
55 g brauner Zucker
1 EL Demerarazucker
1 TL Zimt

Variation

Verwenden Sie statt des Früchtebrots Weißbrot und verteilen Sie etwas Trockenobst zwischen den einzelnen Scheiben.

Tipp

Der Brotpudding wird günstigerweise im Wasserbad gegart. Dies verlangsamt den Garprozess und verhindert, dass die Eiercreme gerinnt.

1 Den Backofen auf 180 °C vorheizen. Eine flache Auflaufform (1,4 l) mit Butter einfetten. Milch, Sahne und Schokolade in einem Topf leicht erhitzen, bis die Schokolade geschmolzen ist. Die Brotscheiben mit Butter bestreichen, in Dreiecke schneiden und hochkant in die Form stellen.

2 Eier und braunen Zucker mit der Schokoladenmilch verrühren und über das Brot gießen. 10 Minuten einweichen, dann das Brot sanft in die Creme drücken.

3 Demerarazucker und Zimt in einer kleinen Schüssel mischen und über den Pudding streuen. Die Form in eine hohe Fettpfanne stellen und die Pfanne bis zur halben Höhe der Form mit heißem Wasser füllen. 50–55 Minuten backen, bis die Creme leicht angedickt und die Oberseite goldbraun ist.

Schokokuchen mit Rosmarincreme

Für 8 Personen **Vorbereitung: 55 Min.** **Zubereitung: 1 Std. 10 Min.**

Dieser Kuchen schmeckt zwar auch kalt gut, aber die delikate Rosmarincreme kommt erst warm ganz zur Geltung.

ZUTATEN

115 g Butter, plus etwas mehr zum Einfetten
150 g Zartbitterschokolade, in Stücke gebrochen
3 große Eier, getrennt, plus 1 Eiweiß
115 g brauner Zucker
¾ TL Weinstein
2 EL Mehl
1 TL Zimt
20 g gemahlene Mandeln
Puderzucker, zum Bestäuben
frische Rosmarinzweige, zum Dekorieren

CREME

2 frische Rosmarinzweige
1 Vanilleschote, aufgeschnitten
300 g Schlagsahne
150 ml Milch
5 große Eigelb
40 g brauner Zucker

Variation

Statt mit Rosmarin kann man die Creme auch mit Orangenschale, Lorbeerblättern, Weinbrand oder einem Likör aromatisieren.

1

2

3

1 Den Backofen auf 180 °C vorheizen. Eine runde Kuchenform (22 cm Ø) einfetten. Die Schokolade mit der Butter in einer Glasschüssel auf einen Topf mit köchelndem Wasser stellen und schmelzen. Eigelb und die Hälfte des Zuckers einrühren. Eiweiß mit dem Weinstein in einer Schüssel steif schlagen. Nach und nach den restlichen Zucker unterühren. Mehl und Zimt in eine separate Schüssel sieben und die Mandeln einrühren. Den Eischnee unterziehen und die Mischung unter die Schokoladenmischung rühren.

2 Den Teig in die Kuchenform geben und die Form in eine hohe Fettpfanne stellen. Die Pfanne bis zur halben Höhe der Form mit heißem Wasser füllen, dann 60–70 Minuten backen, bis der Kuchen fest ist. Aus der Pfanne heben, abdecken und 10 Minuten ruhen lassen. Dann auslösen und auf ein Kuchengitter stellen.

3 Rosmarin, Vanilleschote, Sahne und Milch für die Creme in einem Topf erhitzen, aber nicht kochen. Vom Herd nehmen und 30 Minuten ziehen lassen. Eigelb und Zucker steif schlagen. Die Crememischung erneut erhitzen, durch ein Sieb in die Eimischung gießen und verrühren. Die Mischung über einem Topf mit köchelndem Wasser unter Rühren andicken. Den Kuchen mit Puderzucker bestäuben, mit Rosmarinzweigen dekorieren und mit der Creme servieren.

Gedämpfter Schokoladenpudding

Für 4–6 Personen **Vorbereitung: 25 Min.** **Zubereitung: 1 Std. 30 Min.**

Hier handelt es sich um die Luxus-Variante eines gedämpften Puddings. Er schmeckt am besten heiß serviert.

ZUTATEN

115 g weiche Butter, plus etwas mehr zum Einfetten
115 g heller Rohrzucker
2 Eier, verquirlt
85 g Mehl, mit ¾ TL Backpulver
25 g Kakaopulver
1–2 EL Milch (nach Belieben)
100 g Zartbitter-Schokotröpfchen

SAUCE

55 g Butter
55 g heller Rohrzucker
3 EL Weinbrand
55 g geschälte ganze Haselnüsse
55 g gemischte Trockenfrüchte

Variation

Noch anspruchsvoller wird dieser Pudding mit einer Schokoladensauce (siehe Seite 13), die mit 2 Esslöffeln Weinbrand veredelt wird.

Tipp

Sie können den Pudding gut im Voraus zubereiten und dann in der abgedeckten Form 20–30 Minuten in heißem Wasser erhitzen.

1

2

3

1 Eine Puddingform (1,2 l) einfetten und den Boden mit einem kleinen runden Stück Backpapier auslegen. Butter und Zucker locker schlagen. Nach und nach die Eier einrühren. Mehl, Back- und Kakaopulver in die Mischung sieben und verrühren. Mit etwas Milch zähflüssig verrühren. Die Schokotröpfchen einrühren.

2 Die Mischung in die Form geben. Jeweils ein rundes Stück Backpapier und Alufolie etwa 7,5 cm größer als die Form ausschneiden. Das Papier auf die Folie legen und die Oberseite einfetten. Eine Doppelfalte in die Mitte von Folie und Papier knicken, dann mit der Papierseite nach unten die Form abdecken und die Abdeckung mit einer Kordel festbinden. Die Form auf einem Dreibein in einen Topf stellen und den Topf bis zur halben Höhe der Form mit kochendem Wasser füllen. Abdecken und 90 Minuten köcheln lassen, bei Bedarf Wasser nachgießen.

3 Butter und Zucker für die Sauce in einen kleinen Topf geben und sanft erhitzen, bis der Zucker geschmolzen ist und die Mischung leicht karamellisiert. Den Weinbrand zugießen und 1 Minute köcheln lassen. Haselnüsse und Trockenobst einrühren. Den Pudding vorsichtig auf einen Teller stürzen, die Sauce darüber geben und sofort servieren.

Kleine Fondant-Puddings

Zubereitung: 20 Min. **Vorbereitung: 15 Min.** **Für 4 Personen**

Erst beim Aufschneiden entdeckt man das verführerische warme Schokoladenherz in diesen köstlichen Puddings.

Variation

Zur absolut unwiderstehlichen Versuchung werden diese Puddings mit Himbeersauce und frischen Himbeeren.

Tipp

Die gefüllten Förmchen können auch abgedeckt und bis zum Backen kalt gestellt oder eingefroren werden. Die Backzeit verlängert sich dann ein wenig.

ZUTATEN

100 g Butter, plus
etwas mehr zum Einfetten
100 g brauner Zucker, plus
etwas mehr zum Ausschwenken
100 g Zartbitterschokolade, in Stücke gebrochen
2 große Eier
1 TL Vanillearoma
2 EL Mehl
Puderzucker, zum Bestäuben
Vanilleeis, zum Servieren

1

2

2

1 Den Backofen auf 200 °C vorheizen. Vier Puddingförmchen (je 175 ml) oder Ramequin-Förmchen einfetten und mit Zucker ausschwenken. Butter und Schokolade in einer Glasschüssel über sanft köchelndem Wasser schmelzen. Glatt rühren und abkühlen lassen.

2 Eier, Vanillearoma, Zucker und Mehl in einer Schüssel verrühren. Die geschmolzene Schokolade unterrühren. Die Mischung auf die Förmchen verteilen, auf ein Backblech stellen und etwa 12–15 Minuten backen, bis die Puddings außen fest, aber innen noch weich sind.

3 Die Puddings 1 Minute ruhen lassen, dann auf Dessertteller stürzen. Mit Puderzucker bestäuben und mit Vanilleeis servieren.

Saftiger Schokoladenpudding

Für 4–6 Personen **Vorbereitung: 10 Min.** **Zubereitung: 1 Std.**

Auf den ersten Blick wirkt dieser Pudding nicht sonderlich beeindruckend. Doch wenn man ihn anschneidet, stößt man auf seinem Grund auf eine leckere Schokoladensauce.

ZUTATEN

85 g weiche Butter, plus etwas mehr zum Einfetten
55 g Mehl
½ TL Backpulver
25 g Kakaopulver
1 TL Zimt
115 g brauner Zucker
1 Ei
25 g dunkler Rohrzucker
55 g geschälte Pekannüsse, gehackt
300 ml heißer schwarzer Kaffee
Puderzucker, zum Bestäuben
Schlagsahne, zum Servieren

Tipp

Der Backofen darf in den ersten 40 Minuten nicht geöffnet werden, da der Pudding sonst in sich zusammenfällt.

1 Den Backofen auf 160 °C vorheizen. Eine flache Auflaufform (1,2 l) mit etwas Butter einfetten. Mehl, Back- und Kakaopulver sowie Zimt in eine Schüssel sieben. Butter, 85 g Zucker und das Ei zugeben und gründlich verrühren. In die Form füllen und mit Rohrzucker und Pekannüssen bestreuen.

2 Den Kaffee in einem Messbecher mit dem restlichen Zucker verrühren und vorsichtig über den Pudding gießen.

3 50–60 Minuten backen. Mit etwas Puderzucker bestäuben und sofort mit Schlagsahne servieren.

Cappuccino-Soufflés

Zubereitung: 15 Min. **Vorbereitung: 25 Min.** **Für 6 Personen**

Diese luftig leichten Soufflés zergehen auf der Zunge. Mit Vanilleeis gereicht bilden sie den perfekten Abschluss für jedes Mahl.

Variation

Kahlúa ist ein Likör mit kräftigem Kaffeegeschmack. Sie können ihn ohne weiteres durch Rum oder Weinbrand ersetzen.

ZUTATEN

Butter, zum Einfetten

25 g brauner Zucker, plus etwas mehr zum Ausschwenken

6 EL Schlagsahne

2 TL Instant-Kaffeepulver

2 EL Kahlúa

3 große Eier, getrennt, plus 1 Eiweiß extra

150 g Zartbitterschokolade, geschmolzen und abgekühlt (siehe Seite 9–10)

Kakaopulver, zum Bestäuben

Vanilleeis, zum Servieren

1 Den Backofen auf 190 °C vorheizen. Die Wände von 6 Ramequin-Förmchen (175 ml) mit Butter einfetten und mit Zucker ausschwenken. Auf ein Backblech stellen.

2 Die Sahne in einem kleinen Topf langsam erhitzen. Den Kaffee darin auflösen, dann den Kahlúa einrühren. Die Kaffeemischung auf die Förmchen verteilen.

3 Das Eiweiß in einer Schüssel steif schlagen, dann nach und nach den Zucker unterrühren. Eigelb und Schokolade in einer separaten Schüssel verrühren und etwas Eischnee unterziehen. Nach und nach den Rest des Eischnees unterheben.

4 Die Mischung auf die Förmchen verteilen. 15 Minuten backen, bis die Soufflés aufgegangen sind. Mit Kakaopulver bestäuben und mit Vanilleeis servieren.

Schoko-Soufflé mit Kaffee-Sabayon

Zubereitung: 50 Min. **Vorbereitung: 25 Min.** **Für 4–6 Personen**

Soufflés sind nicht so schwer zuzubereiten, wie man annehmen könnte. Es kommt nur darauf an, dass die Gäste bereits am Tisch sitzen, wenn man sie serviert.

Variation

Sie können die Zartbitterschokolade auch durch weiße Schokolade ersetzen und statt der Sabayon Schokoladensauce (siehe Seite 13) reichen.

Tipp

Ein vorbereitetes Soufflé hält sich ungebacken bis zu 2 Stunden im Kühlschrank und wird dennoch aufgehen.

ZUTATEN

Butter, zum Einfetten
55 g brauner Zucker, plus etwas mehr zum Ausschwenken
3 EL Speisestärke
250 ml Milch
115 g Zartbitterschokolade, in Stücke gebrochen
4 Eier, getrennt
Puderzucker, zum Bestäuben

SABAYON

2 Eier
3 Eigelb
85 g brauner Zucker
4 TL Instant-Kaffeepulver
2 EL Weinbrand

1 Den Backofen auf 190 °C vorheizen. Eine Souffléform (1 l) mit Butter einfetten und mit Zucker ausschwenken. Die Speisestärke mit etwas Milch in einer Schüssel glatt rühren. Die restliche Milch mit der Schokolade in einem Topf sanft erhitzen, bis die Schokolade geschmolzen ist, dann glatt rühren. Die Schokoladenmilch unter Rühren zur Stärkepaste gießen. Wieder in den Topf geben und unter Rühren aufkochen. 1 Minute köcheln lassen. Vom Herd nehmen und nacheinander Eigelb und den Zucker einrühren. Abdecken und leicht abkühlen lassen.

2 Das Eiweiß in einer Schüssel steif schlagen und nach und nach den Zucker unterrühren. Zunächst nur etwas Eischnee, dann den Rest unter die Schokoladenmischung ziehen. In die Souffléform füllen und 40 Minuten backen, bis das Soufflé aufgegangen und elastisch ist.

3 Kurz vor Ende der Backzeit die Sabayon zubereiten. Alle Zutaten unter starkem Rühren bei schwacher Hitze in einem Topf erhitzen, bis die Mischung andickt. Das Soufflé mit etwas Puderzucker bestäuben und mit der Sabayon servieren.

Heißer Schoko-Käsekuchen

Für 8–10 Personen **Vorbereitung: 35 Min.** **Zubereitung: 1 Std. 30 Min.**

Diese äußerst raffinierte Variante eines Käsekuchens verwöhnt uns gleich zweimal mit Schokolade: im Boden und in der Füllung.

ZUTATEN

Butter, zum Einfetten

TEIG

150 g Mehl
2 EL Kakaopulver
75 g Butterflocken
2 EL brauner Zucker
25 g gemahlene Mandeln
1 Eigelb

FÜLLUNG

2 Eier, getrennt
75 g brauner Zucker
350 g Sahnequark
40 g gemahlene Mandeln
150 g Schlagsahne
25 g Kakaopulver, gesiebt
1 TL Vanillearoma
Puderzucker, zum Bestäuben

Variation

Sie können auch etwas mehr Teig zubereiten und aus dem Überschuss ein Gittermuster formen, über die Füllung legen und mitbacken.

Tipp

Zum leichteren Herauslösen des Kuchens aus der Springform stellen Sie die Form auf eine Konservendose, lösen den Ring und lassen ihn herunter gleiten.

1 Den Backofen auf 160 °C vorheizen. Eine Springform (20 cm Ø) mit Butter einfetten. Für den Teig Mehl und Kakaopulver in eine Schüssel sieben, und die Butter in der Mischung verreiben, bis ein krümeliger Teig entsteht. Zucker und Mandeln einrühren. Mit Eigelb und etwas Wasser zu einem geschmeidigen Teig verarbeiten. Den Teig auf einer leicht bemehlten Arbeitsfläche ausrollen und die Form damit auskleiden. Bis zum Füllen kalt stellen.

2 Für die Füllung Eigelb und Zucker in einer großen Schüssel steif schlagen. Quark, Mandeln, Sahne, Kakaopulver und Vanillearoma unterrühren und gründlich mischen.

3 Das Eiweiß in einer separaten Schüssel steif schlagen. Zunächst nur etwas Eiweiß, dann den Rest unter die Quarkmischung ziehen. Die Füllung in die Teigform gießen und 90 Minuten backen, bis die Füllung aufgegangen und fest ist. Den Kuchen aus der Form lösen und mit Puderzucker bestäuben.

Kuchen & Torten

Ob Sie nun für einen besonderen Anlass backen oder für ein Essen mit Familie und Freunden – mit einem Schokoladenkuchen oder einer Torte machen Sie nichts falsch. Die folgenden Rezepte sind auch für unerfahrene Köche kein Problem. Werden Sie also nicht nervös, wenn Sie Besuch erwarten und gern ein neues Rezept ausprobieren möchten.

In diesem Kapitel finden Sie neben einfacheren Rezepten wie Bananen-Schoko-Teekuchen *(Seite 104) oder* Marmorierter Schoko-Vanille-Kuchen *(Seite 98) auch exquisite Torten wie die* Erdbeer-Schokotorte *(Seite 83) und die* Schoko-Trüffeltorte *(Seite 81), die sich für jede Festlichkeit empfehlen. Außerdem können Sie sich hier an Variationen von Schokoklassikern aus aller Welt versuchen, etwa am* Sizilianischen Cassata-Kuchen *(Seite 107) oder an der Wiener* Sachertorte *(Seite 92). Köstliche Kreationen wie der* Kuchen mit Schoko-Fudge *(Seite 111) und der erfrischende* Schokokuchen mit Zitronencreme *(Seite 108) runden die Auswahl ab.*

Auch dieses Kapitel hält für jeden Geschmack das passende Rezept bereit, ganz gleich ob Sie nun gehaltvolle Creme-Torten oder eher einfache Schokokuchen lieben.

Schokorolle

Für 8 Personen

Vorbereitung: 10 Std. 30 Min.

Zubereitung: 25 Min.

Für dieses saftige Dessert wird weiße Schokoladencreme in einen luftigen dunklen Schokoladenboden eingerollt.

ZUTATEN

4 Eier, getrennt
115 g brauner Zucker
115 g Zartbitterschokolade, geschmolzen und abgekühlt (siehe Seite 9–10)
1 TL Instant-Kaffeepulver, in 2 EL heißem Wasser aufgelöst und abgekühlt
Puderzucker, zum Dekorieren
Kakaopulver, zum Bestäuben
frische Himbeeren, zum Servieren

FÜLLUNG

250 g Schlagsahne
140 g weiße Schokolade, in Stücke gebrochen
3 EL Tia Maria

Variation

Sie können den *Tia Maria* nach Wunsch durch die gleiche Menge Weinbrand, Rum oder Orangensaft ersetzen.

Tipp

Wenn die Zeit drängt, können Sie auf die Kühlung der Rolle auch verzichten. Gekühlt ist sie jedoch fester und lässt sich leichter schneiden.

1 Den Backofen auf 180 °C vorheizen. Ein Biskuitblech (23 cm x 33 cm) mit Backpapier auslegen. Eigelb und Zucker in einer Schüssel steif schlagen. Zunächst die Schokolade, dann den Kaffee unterziehen. Das Eiweiß in einer sauberen Schüssel steif schlagen. Zuerst nur etwas, dann den Rest des Eischnees unter die Schokoladenmischung ziehen. Auf dem Blech verteilen und etwa 15–20 Minuten backen. Mit einem feuchten Handtuch abdecken und 8 Stunden oder über Nacht ruhen lassen.

2 Die Sahne für die Füllung erhitzen, aber nicht kochen. Die Schokolade im Mixer grob hacken. Bei laufendem Motor die Sahne zugießen und glatt rühren. Den Tia Maria unterrühren. In eine Schüssel umfüllen und abkühlen lassen. 8 Stunden oder über Nacht kalt stellen.

3 Anschließend die Schokoladencreme steif schlagen. Ein Blatt Backpapier, etwas größer als der Teigboden, zuschneiden und mit Puderzucker bestreuen. Den Teigboden umgekehrt auf das Papier legen und das Papier abziehen. Die Schokoladencreme auf dem Teigboden verstreichen und den Boden von einer Schmalseite her einrollen. Die Rolle mit der Naht nach unten auf einen Servierteller legen. 2 Stunden kalt stellen, dann mit Kakaopulver bestäuben und mit Himbeeren servieren.

Himbeer-Dessertkuchen

Für 8–10 Personen **Vorbereitung: 20 Min.** **Zubereitung: 50 Min.**

Durch die Himbeeren erhält dieser dunkle Schokoladenkuchen eine fruchtig leichte Note. Reichen Sie dazu frische Schlagsahne.

ZUTATEN

225 g Butter, plus etwas mehr zum Einfetten

250 g Zartbitterschokolade, in Stücke gebrochen

1 EL starker schwarzer Kaffee

5 Eier

85 g brauner Zucker

85 g Mehl

1 TL Zimt

175 g frische Himbeeren

Puderzucker, zum Betäuben

ZUM SERVIEREN

frische Himbeeren

Schlagsahne

Variation

Statt frischer können Sie auch tiefgefrorene Himbeeren verwenden. Da diese weicher sind als frische, müssen sie vollständig auftauen und gut abtropfen.

1

2

3

1 Den Backofen auf 160 °C vorheizen. Eine Springform (23 cm Ø) mit Butter einfetten und den Boden mit Backpapier auslegen. Schokolade, Butter und Kaffee in einer kleinen Glasschüssel auf einen Topf mit leicht köchelndem Wasser stellen, bis die Schokolade geschmolzen ist. Glatt rühren und leicht abkühlen lassen.

2 Eier und Zucker in einer zweiten Schüssel steif schlagen. Vorsichtig die Schokoladenmischung unterziehen. Mehl und Zimt in eine Schüssel sieben, dann unter die Schokoladenmischung ziehen. Den Teig in die Form gießen und gleichmäßig mit Himbeeren belegen.

3 35–45 Minuten backen, bis der Kuchen aufgegangen und elastisch ist. 15 Minuten in der Form abkühlen lassen, dann auslösen und auf einen großen Teller setzen. Mit Puderzucker bestäuben und mit frischen Himbeeren und Schlagsahne servieren.

Schoko-Trüffeltorte

Zubereitung: 10 Min.

Vorbereitung: 5 Std. 40 Min.

Für 10 Personen

Schokolade und Sahne auf einem dünnen Teigboden machen diese sündhaft leckere Torte zum perfekten Dessert.

Tipp

Die Sahne darf nur sehr leicht geschlagen sein, weil sie andickt, sobald die Schokolade hinzukommt. Ziehen Sie die Schokolade vorsichtig mit einem Gummispatel unter.

ZUTATEN

Butter, zum Einfetten

55 g brauner Zucker

2 Eier

25 g Mehl

25 g Kakaopulver, plus etwas mehr zum Bestäuben

50 ml kalter starker schwarzer Kaffee

2 EL Weinbrand

BELAG

600 g Schlagsahne

425 g Zartbitterschokolade, geschmolzen und abgekühlt (siehe Seite 9–10)

Puderzucker, zum Bestäuben

1 Den Backofen auf 220 °C vorheizen. Eine Springform (23 cm Ø) mit Butter einfetten und den Boden mit Backpapier auslegen. Zucker und Eier in einer Glasschüssel auf einen Topf mit heißem Wasser stellen und locker schlagen. Mehl und Kakaopulver in eine Schüssel sieben, dann vorsichtig unter die Mischung ziehen. In die Form gießen und 7–10 Minuten backen, bis der Boden aufgegangen und fest ist.

2 Den Boden herausnehmen und zum Abkühlen auf ein Kuchengitter stellen. Die Form auswaschen und abtrocknen und den Boden wieder hineinlegen. Kaffee und Weinbrand mischen und den Boden damit bestreichen. Die Sahne für den Belag in einer Schüssel leicht schlagen. Vorsichtig die Schokolade unterziehen. Die Mischung über den Boden gießen. 4–5 Stunden im Kühlschrank fest werden lassen.

3 Die Torte zum Dekorieren mit Kakaopulver bestäuben und behutsam aus der Form lösen. Mithilfe von Backpapier- oder Kartonstreifen Puderzuckerstreifen auf die Torte stäuben. Die Torte zum Servieren mit einem heißen Messer in Stücke schneiden.

Erdbeer-Schoko-Torte

Zubereitung: 40 Min. **Vorbereitung: 25 Min.** **Für 8 Personen**

Frische Erdbeeren und Schlagsahne ergänzen sich mit dem leichten Schokoladenteig zum perfekten Sommerdessert.

Variation

Sie können das Kirschwasser durch einen Likör wie Cointreau oder auch durch Weinbrand ersetzen.

Tipp

Wenn Sie die Schokoladenlocken nicht selbst machen wollen, verwenden Sie entweder gekaufte Locken oder zerkrümelte Borkenschokolade.

ZUTATEN

Butter, zum Einfetten
3 Eier
115 g brauner Zucker
90 g Mehl
1 gestrichener TL Backpulver
2 EL Kakaopulver

FÜLLUNG UND BELAG

250 g Erdbeeren
300 g Schlagsahne
2–3 Tropfen Vanillearoma
1 EL Puderzucker
2 EL Kirschwasser
Schokoladenlocken (siehe Seite 10)

1 Den Backofen auf 190 °C vorheizen. Eine Springform (22 cm Ø) leicht einfetten und den Boden mit Backpapier auslegen. Eier und Zucker in einer Schüssel locker schlagen. Mehl, Backpulver und Kakao in eine Schüssel sieben, dann unter die Mischung ziehen. Den Teig in die Form füllen und 30–40 Minuten backen. 5 Minuten in der Form abkühlen lassen, dann herausnehmen und auf ein Kuchengitter stellen.

2 Die Füllung zubereiten: 4 Erdbeeren beiseite legen und die anderen klein schneiden. Sahne, Vanillearoma und Puderzucker zusammen steif schlagen. Die Erdbeeren mit einem Drittel der Sahne vermengen.

3 Den Teigboden horizontal in 2 Böden schneiden und jeden Boden mit 1 Esslöffel Kirschwasser besprenkeln. Einen Boden auf einen Teller legen und mit der Erdbeersahne bestreichen. Den zweiten Boden darauf setzen. Einen Teil der zurückbehaltenen Sahne in einen Spritzbeutel mit Sterntülle geben und den Rest über die gesamte Torte verstreichen. Die Seiten mit Schokoladenlocken dekorieren. Mit dem Spritzbeutel ein Sahnemuster um den oberen Rand der Torte spritzen. Die zurückbehaltenen Erdbeeren halbieren, ohne das Grün zu entfernen, und die Torte damit dekorieren.

Biskuit mit Schokocreme

Zubereitung: 65 Min. **Vorbereitung: 3 Std.** **Für 10 Personen**

Dieser edle Kuchen hat eine Füllung aus weißer Schokoladencreme und ist mit dunkler Schokoladenglasur überzogen. Mit Kerzen bestückt wird daraus ein schöner Geburtstagskuchen.

Variation

Rühren Sie 115 g frische Himbeeren in die Sahne und füllen Sie die Torte damit. Ersetzen Sie die Schokolocken durch Himbeeren.

Tipp

Die richtige Größe der Backform ist wichtig für die Backzeit und den fertigen Kuchen. Verwenden Sie immer die in den Rezepten angegebenen Formgrößen.

ZUTATEN

Butter, zum Einfetten

FÜLLUNG

250 g Schlagsahne
225 g weiße Schokolade, in Stücke gebrochen

BODEN

225 g weiche Butter
225 g brauner Zucker
4 Eier, verquirlt
175 g Mehl, mit 1¾ TL Backpulver
55 g Kakaopulver
1–2 EL Milch (nach Belieben)

GLASUR

350 g Zartbitterschokolade, in Stücke gebrochen
115 g Butter
85 g Schlagsahne

DEKORATION

Schokoladenlocken (siehe Seite 10), gekühlt
115 g Zartbitterschokolade, in Stücke gebrochen
je 2 TL Puderzucker und Kakaopulver, gemischt

1

2

3

1 Eine Springform (20 cm Ø) leicht mit Butter einfetten und den Boden mit Backpapier auslegen. Für die Füllung die Sahne erhitzen, aber nicht kochen. Die weiße Schokolade im Mixer grob hacken, dann die Sahne zugießen und 10–15 Sekunden glatt rühren. Die Mischung in einer Schüssel abkühlen lassen. Abdecken und 2 Stunden im Kühlschrank fest werden lassen, anschließend leicht steif schlagen.

2 Den Backofen auf 180 °C vorheizen. Für den Teig Butter und Zucker locker schlagen. Nach und nach die Eier unterrühren. Mehl und Kakaopulver in eine Schüssel sieben, dann unter die Mischung ziehen. Der Teig sollte tropffähig sein, falls nötig, etwas Milch zugeben. Den Teig in die Form füllen, glatt streichen und 45–50 Minuten backen, bis er fest ist und ein in die Mitte gestochener Holzspieß teigfrei bleibt. 5 Minuten in der Form ruhen lassen, dann auf einem Kuchengitter abkühlen lassen.

3 Die Schokolade für die Glasur schmelzen (siehe Seite 9–10), dann mit Butter und Sahne cremig verrühren und abkühlen lassen. Den Biskuit horizontal in 3 Böden schneiden. Die Böden abwechselnd mit der Füllung übereinander schichten. Oberseite und Rand mit Glasur überziehen, die Oberseite mit Schokoladenlocken dekorieren und mit Puderzucker und Kakaopulver bestäuben.

Schwarz-weiße Schokotorte

Für 6 Personen

Vorbereitung: 1 Std. 30 Min.

Zubereitung: 40 Min.

Wenn Sie nicht zwischen eher herber dunkler Schokolade und cremig süßer weißer wählen mögen – hier haben Sie beide!

ZUTATEN

Butter, zum Einfetten

4 Eier

100 g feinster Zucker

100 g Mehl

FÜLLUNG

300 g Schlagsahne

150 g Halbbitterschokolade, in kleine Stücke gebrochen

GLASUR

75 g weiße Schokolade

1 EL Butter

1 EL Milch

4 EL Puderzucker

Tipp

Krönen Sie diese imposante Torte mit einer Dekoration aus Schokoladenröllchen (siehe Seite 10). Nehmen Sie dazu nur dunkle oder nur weiße Röllchen oder mischen Sie beide.

3

4

5

1 Den Backofen auf 180 °C vorheizen. Eine Springform (20 cm Ø) einfetten und den Boden mit Backpapier auslegen. Eier und Zucker in einer Schüssel mit der Küchenmaschine etwa 10 Minuten locker und schaumig schlagen.

2 Das Mehl einsieben und mit dem Schneebesen unterziehen. Den Teig in die Form gießen und 35–40 Minuten backen. Leicht abkühlen lassen, dann zum vollständigen Auskühlen auf ein Kuchengitter legen.

3 Die Sahne für die Füllung in einem Topf unter Rühren zum Kochen bringen. Die Schokolade hineingeben und unter Rühren schmelzen. Vom Herd nehmen und zum Abkühlen in eine Schüssel füllen. Die Mischung mit einem Holzlöffel rühren, bis sie andickt.

4 Den Boden horizontal halbieren. Die Böden abwechselnd mit der Schokoladenfüllung übereinander schichten und dann auf ein Kuchengitter setzen.

5 Schokolade und Butter für die Glasur schmelzen und glatt rühren. Milch und Puderzucker einrühren. Einige Minuten unter ständigem Rühren abkühlen lassen. Die Glasur über den Kuchen gießen und mit einem Palettmesser gleichmäßig verstreichen. Fest werden lassen.

Karibischer Schokokuchen

Zubereitung: 50 Min. **Vorbereitung: 1 Std. 10 Min.** **Für 12 Personen**

Bei diesem leichten exotischen Kuchen finden Schokolade und Gewürze harmonisch mit kandidiertem Ingwer zusammen.

Tipp

Sein volles Aroma entwickelt dieser Kuchen, wenn er einen Tag lang in einem luftdicht verschlossenen Behälter ruhen kann.

ZUTATEN

115 g Butterflocken, plus etwas mehr

200 g Mehl, mit 2 TL Backpulver

25 g Kakaopulver

1 EL Ingwerpulver

1 TL Zimt

½ TL Speisenatron

115 g heller Rohrzucker

2 Eier

1½ EL Zuckersirup

1½ EL Milch

BELAG

6 Stücke Ingwerpflaume, plus Ingwersirup

115 g Puderzucker

1 EL Rum

1 Den Backofen auf 160 °C vorheizen. Eine flache quadratische Backform (18 cm) einfetten. Mehl, Back-, Kakao- und Ingwerpulver sowie Zimt und Speisenatron in eine große Schüssel sieben. Die Butter mit den Fingerspitzen in die Mehlmischung einarbeiten, dann den Zucker einrühren. Eine Mulde in die Mitte drücken.

2 Die Eier in einer separaten Schüssel mit Sirup und Milch schlagen, zu den Trockenzutaten gießen und glatt rühren. Den Teig in die Form geben, dann 45–50 Minuten backen, bis er aufgegangen und fest ist. 30 Minuten in der Form abkühlen lassen, dann zum Auskühlen auf ein Kuchengitter setzen.

3 Die Ingwerstücke vierteln und auf dem Kuchen verteilen. Den Puderzucker für die Glasur in eine Schüssel sieben und mit Rum und Ingwersirup verrühren. Die Glasur über den Kuchen träufeln und fest werden lassen. Den Kuchen zum Servieren in 12 Stücke schneiden.

Schoko-Fudge-Kuchen

Für 8 Personen

Vorbereitung: 2 Std. 25 Min.

Zubereitung: 45 Min.

Dieser saftige Schokoladenkuchen mit seiner cremigen Fudge-Glasur ist der perfekte Geburtstagskuchen für den Schokoladenliebhaber.

ZUTATEN

175 g weiche Butter, plus etwas mehr zum Einfetten
175 g brauner Zucker
3 Eier, verquirlt
3 EL Zuckersirup
40 g gemahlene Mandeln
175 g Mehl
1¾ TL Backpulver
1 Prise Salz
40 g Kakaopulver

GLASUR

225 g Zartbitterschokolade, in Stücke gebrochen
55 g dunkler Rohrzucker
225 g Butterflocken
5 EL Kondensmilch
2–3 Tropfen Vanillearoma

Variation

Für eine besonders cremige Glasur ersetzen Sie die Kondensmilch durch die gleiche Menge Sahne.

Tipp

Damit die Butter nicht ausflockt, sollten die Eier vorsichtig nach und nach mit Butter und Zucker verschlagen werden. Flockt sie trotzdem aus, rühren Sie ein wenig Mehl mit ein.

1

2

3

1 2 runde Kuchenformen (20 cm Ø) einfetten. Für die Glasur Schokolade, Zucker, Butter, Kondensmilch und Vanillearoma in einem Topf unter ständigem Rühren sanft erhitzen, bis die Schokolade geschmolzen ist. Zum Abkühlen in eine Schüssel füllen. Abdecken und 1 Stunde in den Kühlschrank stellen.

2 Den Backofen auf 180 °C vorheizen. Butter und Zucker in einer Schüssel locker schlagen. Nach und nach die Eier, dann Sirup und Mandeln unterrühren. Mehl, Backpulver, Salz und Kakao in eine zweite Schüssel sieben, dann in die Mischung rühren. Bei Bedarf mit etwas Wasser verdünnen. Den Teig auf die Backformen verteilen und 30–35 Minuten backen, bis ein in die Mitte gestochener Holzspieß teigfrei bleibt.

3 Die Böden 5 Minuten in den Formen abkühlen lassen, dann zum Auskühlen auf Kuchengitter setzen. Einen Boden mit der Hälfte der Glasur bestreichen und den zweiten darauf setzen. Den Kuchen rundum mit der restlichen Glasur überziehen und die Glasur dekorativ verstreichen.

Schokokuchen mit Kaffeesirup

Zubereitung: 50 Min. **Vorbereitung: 15 Min.** **Für 12 Personen**

Diesen sehr geschmackvollen Schokoladenkuchen serviert man am besten warm mit etwas Crème fraîche.

Variation

Schneiden Sie den Kuchen horizontal auf, füllen Sie ihn mit Schlagsahne und entsteinten Schattenmorellen und servieren Sie ihn mit dem Kaffeesirup.

Tipp

Bestreichen Sie beim Kochen des Sirups die Topfwand hin und wieder mit kaltem Wasser. Dies verhindert ein Kristallisieren des Sirups an der Wand.

ZUTATEN

115 g Butter, plus etwas mehr zum Einfetten
225 g Zartbitterschokolade, in Stücke gebrochen
1 EL starker schwarzer Kaffee
4 große Eier
2 Eigelb
115 g brauner Zucker
55 g Mehl
2 TL Zimt
50 g gemahlene Mandeln
Kaffeebohnen mit Schokoladenüberzug, zum Dekorieren

SIRUP

300 ml starker schwarzer Kaffee
115 g brauner Zucker
1 Zimtstange

1 Den Backofen auf 190 °C vorheizen. Eine runde Kuchenform (20 cm Ø) einfetten. Schokolade, Butter und Kaffee in eine Glasschüssel geben und diese in einen Topf mit leicht köchelndem Wasser stellen, bis die Schokolade geschmolzen ist. Glatt rühren, dann vom Herd nehmen und leicht abkühlen lassen.

2 Eier, Eigelb und Zucker in einer Schüssel steif schlagen. Mehl und Zimt hineinsieben, Mandeln und Schokoladenmischung zugeben und vermengen. Die Mischung in die Form geben. 35 Minuten backen, bis ein in die Mitte gestochener Holzspieß teigfrei bleibt. Den Kuchen leicht abkühlen lassen, dann auf einen Servierteller setzen.

3 Für den Sirup Kaffee, Zucker und Zimtstange in einem Topf unter Rühren sanft erhitzen, bis der Zucker aufgelöst ist. Die Temperatur erhöhen und den Sirup 5 Minuten kochen, bis er leicht andickt. Warm stellen. Den Kuchen mit einem Holzspieß mehrfach einstechen, dann die Hälfte des Kaffeesirups darüber gießen. Mit Kaffeebohnen dekorieren und in Stücke geschnitten mit dem restlichen Kaffeesirup servieren.

Sachertorte

Für 8–10 Personen

Vorbereitung: 2 Std. 25 Min.

Zubereitung: 1 Std. 25 Min.

Die klassische Sachertorte mit ihrer einzigartigen Glasur ist die wohl berühmteste Wiener Spezialität – für ganz besondere Anlässe.

ZUTATEN

115 g weiche Butter, plus etwas mehr zum Einfetten
175 g Zartbitterschokolade, in Stücke gebrochen
3 EL schwarzer Kaffee
140 g brauner Zucker
5 Eier, getrennt
140 g Mehl, gesiebt
4 EL Aprikosenkonfitüre
1 Spritzer Zitronensaft
1 EL Wasser

GLASUR

85 g brauner Zucker
4 EL Wasser
100 g Zartbitterschokolade, in Stücke gebrochen

Variation

Reichen Sie zur Abwechslung einmal frisches Obst zu dieser Torte. Sie können die Aprikosenkonfitüre auch durch Himbeerkonfitüre ersetzen.

Tipp

Die traditionelle Glasur ist nicht ganz leicht zuzubereiten. Für eine einfachere Variante schmelzen Sie 175 g Zartbitterschokolade in 2 Esslöffeln Sahne und bestreichen den Kuchen damit.

2

3

3

1 Den Backofen auf 160 °C vorheizen. Eine Springform (23 cm Ø) einfetten. Die Schokolade mit dem Kaffee schmelzen, glatt rühren und abkühlen lassen. Die Butter mit 85 g Zucker locker schlagen. Schokoladenmischung und Eigelb, dann das Mehl einrühren. Das Eiweiß steif schlagen. Den restlichen Zucker unterrühren. Den Eischnee unter den Teig ziehen. Diesen in die Form geben und 60–75 Minuten backen. 5 Minuten in der Form abkühlen lassen, dann auf ein Kuchengitter setzen.

2 Den Kuchen horizontal halbieren. Die untere Hälfte mit 2 Esslöffeln Konfitüre bestreichen und mit der oberen Hälfte bedecken. Die restliche Konfitüre mit Zitronensaft und Wasser erhitzen, bis sie aufgelöst ist. In eine Schüssel sieben. Oberseite und Rand des Kuchens gleichmäßig damit bestreichen.

3 Zucker und Wasser für die Glasur aufkochen und glatt rühren. Vom Herd nehmen, die Schokolade zugeben und glatt rühren. Auf 115 °C erhitzen. Vom Herd nehmen, rühren, bis keine Blasen mehr aufsteigen, dann schnell bis auf 2 Esslöffel über den Kuchen gießen. Am Rand glatt streichen, nicht aber auf der Oberseite. Sobald die Glasur sich verfestigt, die restliche Glasur erhitzen und so von einer Messerspitze auf den Kuchen träufeln lassen, dass der Schriftzug *Sacher* entsteht.

Sacher

Weihnachts-Schokobaum

Zubereitung: 18 Min. **Vorbereitung: 1 Std. 5 Min.** **Für 8 Personen**

Diese Kreation wird sicher der Höhepunkt Ihrer Festtafel sein. Sie ist eine dekorative Alternative zum traditionellen Weihnachtskuchen.

Variation

Ersetzen Sie den Cointreau durch Weinbrand, oder nehmen Sie für eine alkoholfreie Variante Orangensaft.

Tipp

Um den Teig einzurollen, wringen Sie ein in heißes Wasser getauchtes Handtuch aus und breiten es aus. Darauf Backpapier legen und mit Zucker bestreuen. Den Teig darauf legen, vom oberen Papier befreien und einrollen.

ZUTATEN

Butter, zum Einfetten
3 Eier
115 g brauner Zucker
55 g Mehl
25 g Kakaopulver, plus etwas mehr zum Bestäuben
Schokoladenröllchen (siehe Seite 10)
55 g weiße Schokolade, geschmolzen (siehe Seite 9–10)
Puderzucker, zum Bestäuben

SIRUP

55 g brauner Zucker
150 ml Wasser
4 EL Cointreau

GLASUR

55 g weiche Butter
115 g Puderzucker, gesiebt
fein abgeriebene Schale von 1 Orange
1 EL Cointreau

BUTTERCREME

1 EL Kakaopulver
1 EL kochendes Wasser
85 g Butter
175 g Puderzucker, gesiebt

1

2

3

1 Den Backofen auf 200 °C vorheizen. Ein Biskuitblech (20 cm x 30 cm) mit Backpapier auslegen. Eier und Zucker cremig schlagen. Mehl und Kakaopulver in eine Schüssel sieben, dann unter die Eimischung ziehen. Auf dem Blech verstreichen und 8–10 Minuten backen, bis der Teig elastisch ist. Aufrollen und abkühlen lassen.

2 Zucker und Wasser für den Sirup erhitzen, bis der Zucker aufgelöst ist. 2 Minuten kochen. Den Cointreau einrühren und abkühlen lassen. Den Biskuit ausrollen und das Papier entfernen. Mit dem Sirup besprenkeln. Die Butter für die Glasur cremig schlagen. Mit den übrigen Zutaten glatt rühren. Auf dem Biskuit verstreichen und wieder aufrollen.

3 Das Kakaopulver für die Buttercreme in einer Glasschüssel mit dem Wasser verrühren. Abkühlen lassen. Die Butter in einer separaten Schüssel cremig schlagen. Nach und nach mit Puderzucker und Kakaopulver glatt rühren. Ein Viertel der Teigrolle abschneiden und mit Buttercreme schräg an einer Seite der Rolle wie einen Ast verbinden. Die Rolle mit Buttercreme bestreichen und ein Rindenmuster einritzen. Mit Schokoladenröllchen bedecken. Die Enden mit weißen Schokoladenspiralen dekorieren. Mit Puderzucker bestäuben und servieren.

Schoko-Haselnuss-Gugelhupf

Für 8 Personen **Vorbereitung: 40 Min.** **Zubereitung: 50 Min.**

Dieser deutsche Kuchenklassiker bedarf keiner Erläuterung – lassen Sie ihn sich einfach schmecken, bei Kaffee oder Tee.

ZUTATEN

175 g weiche Butter, plus etwas mehr zum Einfetten
115 g Mehl, plus etwas mehr zum Bestäuben
175 g dunkler Rohrzucker
1 gehäufter TL Backpulver
1 EL Kakaopulver
1 TL Lebkuchen-Gewürzmischung
3 Eier, verquirlt
115 g gemahlene Haselnüsse
2 EL schwarzer Kaffee
Puderzucker, zum Bestäuben

Tipp

Die Gugelhupfringformen erhält man in jedem Küchengeschäft. Sie können stattdessen aber auch eine schlichte Kranzform (23 cm Ø) verwenden.

1 Den Backofen auf 180 °C vorheizen. Eine Gugelhupfform (19 cm Ø) einfetten und mit Mehl bestäuben. Butter und Zucker in einer großen Schüssel locker schlagen. Mehl, Backpulver, Kakaopulver und Lebkuchen-Gewürzmischung in eine separate Schüssel sieben.

2 Nacheinander die Eier unter die Buttermischung rühren, dabei beim zweiten und dritten Ei jeweils 1 Esslöffel der Mehlmischung einarbeiten. Die restliche Mehlmischung, Haselnüsse und Kaffee einrühren.

3 Den Teig in die Form geben und 45–50 Minuten backen. Den Kuchen 10 Minuten in der Form abkühlen lassen, dann zum vollständigen Auskühlen auf ein Kuchengitter stürzen. Vor dem Servieren großzügig mit Puderzucker bestäuben.

Orangen-Schoko-Kuchen

Zubereitung: 40 Min. **Vorbereitung: 55 Min.** **Für 8–10 Personen**

Durch frische Orangen wird der Standard-Schokoladenkuchen sehr fruchtig und saftig und zergeht auf der Zunge.

Tipp

Die Dekoration erfordert keine große Kunstfertigkeit – je spontaner sie wirkt, desto besser. Träufeln Sie einfach zunächst die Glasur und dann die Schokolade über den Kuchen.

ZUTATEN

175 g weiche Butter, plus etwas mehr zum Einfetten
2 kleine Orangen
85 g Zartbitterschokolade
200 g Mehl
3½ TL Backpulver
175 g brauner Zucker
3 Eier, verquirlt

GLASUR

225 g Puderzucker
2 EL Orangensaft
55 g Zartbitterschokolade, in Stücke gebrochen

1

2

3

1 Den Backofen auf 160 °C vorheizen. Eine gerippte oder glatte Kranzform (850 ml) einfetten. Die Schale von 1 Orange abreiben und beiseite stellen. Die Schale der zweiten Orange mit einem Zestenschneider in feinen Streifen abziehen und zur Seite stellen. Die Orangen sauber schälen, dann mit einem scharfen Messer filetieren. Die Filets in kleine Stücke schneiden, dabei möglichst viel Saft auffangen. Die Schokolade auf einen Teller raspeln.

2 Mehl und Backpulver in eine große Schüssel sieben. Butter, Zucker, Eier, abgeriebene Orangenschale und aufgefangenen Saft zugeben und glatt rühren. Vorsichtig die Orangenstücke und die geraspelte Schokolade unterheben. Den Teig in die Form füllen und 40 Minuten backen, bis er aufgegangen und goldbraun ist. 5 Minuten in der Form abkühlen lassen, dann zum Auskühlen auf ein Kuchengitter setzen.

3 Den Puderzucker für die Glasur in einer Schüssel mit Orangensaft zähflüssig verrühren. Die Glasur mit einem Löffel über den Kuchen träufeln. Die Schokolade schmelzen (siehe Seite 9–10) und über den Kuchen träufeln. Mit den Orangenzesten bestreuen. Die Glasur vor dem Servieren fest werden lassen.

Marmorierter Schoko-Vanille-Kuchen

Für 10 Personen **Vorbereitung: 55 Min.** **Zubereitung: 1 Std. 10 Min.**

Dieser Kuchen sieht majestätisch aus, ist aber einfach zuzubereiten. Ziehen Sie einen Holzspieß durch die beiden Teigmischungen, um die professionell wirkende Marmorierung zu erzielen.

ZUTATEN

225 g weiche Butter, plus etwas mehr zum Einfetten
55 g Zartbitterschokolade, in Stücke gebrochen
1 EL starker schwarzer Kaffee
225 g Mehl
3¼ TL Backpulver
225 g brauner Zucker
4 Eier, verquirlt
55 g gemahlene Mandeln
2 EL Milch
5 Tropfen Vanillearoma

GLASUR

125 g Zartbitterschokolade, in Stücke gebrochen
25 g Butter
2 EL Wasser

Variation

Statt einer Kranzform können Sie auch eine tiefe Kuchenform (23 cm Ø) verwenden. Ersetzen Sie die Glasur durch Fudge-Sauce (siehe Seite 117).

Tipp

Für eine weniger gehaltvolle Variante lassen Sie die Schokoladenglasur weg und bestäuben Sie den Kuchen vor dem Servieren einfach mit Puderzucker.

1

2

3

1 Den Backofen auf 180 °C vorheizen. Eine Kranzform (1,7 l) einfetten. Die Schokolade mit dem Kaffee in eine Glasschüssel geben und im Wasserbad schmelzen, dann glatt rühren und abkühlen lassen. Mehl und Backpulver in eine Schüssel sieben. Butter, Zucker, Eier, Mandeln und Milch zugeben und glatt rühren.

2 Eine Hälfte der Mehlmischung in eine zweite Schüssel füllen und das Vanillearoma unterrühren. Die geschmolzene Schokolade mit der anderen Hälfte der Mehlmischung verrühren. Die beiden Mischungen abwechselnd löffelweise in die Form geben, dann einen Spieß in Wellen durch die Teigmischung ziehen, um eine Marmorierung zu erzielen. Die Oberfläche glatt streichen. 50–60 Minuten backen, bis der Kuchen aufgegangen ist und ein in die Mitte gestochener Holzspieß teigfrei bleibt. Den Kuchen 5 Minuten in der Form abkühlen lassen, dann zum Auskühlen auf ein Kuchengitter stürzen.

3 Schokolade, Butter und Wasser für die Glasur in einer Glasschüssel auf einen Topf mit köchelndem Wasser stellen, bis die Schokolade geschmolzen ist. Glatt rühren, über den Kuchen gießen und schnell verstreichen. Vor dem Servieren fest werden lassen.

Beschwipster Schokokuchen

Zubereitung: 45 Min. **Vorbereitung: 45 Min.** **Für 8–10 Personen**

Dieser saftige Kuchen enthält kein Mehl. Er wird leicht einsinken und aufreißen, sobald Sie ihn aus dem Ofen nehmen.

Variation

Servieren Sie den Kuchen als Nachtisch mit Vanilleeis oder frischem Obst wie Erdbeeren und halbierten Pfirsichen.

Tipp

Dieser Kuchen ist recht empfindlich und sollte vor dem Servieren mindestens 10 Minuten im Kühlschrank ruhen. Übrig gebliebener Kuchen kann in Alufolie eingeschlagen im Kühlschrank aufbewahrt werden.

ZUTATEN

115 g Butterflocken, plus etwas mehr zum Einfetten
Mehl, zum Bestäuben
140 g Zartbitterschokolade, in Stücke gebrochen
2 EL Weinbrand
85 g brauner Zucker
6 Eier, getrennt
140 g gemahlene Mandeln
425 g Schlagsahne, zum Dekorieren
Zimt, zum Bestäuben

1

2

3

1 Den Backofen auf 160 °C vorheizen. Eine Springform (23 cm Ø) einfetten und den Boden mit Backpapier auslegen. Die Wand mit Mehl bestäuben. Schokolade und Weinbrand in einer Glasschüssel auf einen Topf mit köchelndem Wasser stellen, bis die Schokolade geschmolzen ist. Glatt rühren und leicht abkühlen lassen.

2 Butter und Zucker in einer separaten Schüssel cremig schlagen. Nach und nach das Eigelb unter ständigem Rühren zugeben, dann die Schokolade unterrühren. Zuletzt die Mandeln unterheben. Das Eiweiß in einer Schüssel steif schlagen. Zuerst 2 Esslöffel Eischnee, dann den Rest vorsichtig unter die Schokoladenmischung ziehen.

3 Den Teig in die Form geben und 35–40 Minuten backen, bis er aufgegangen und fest ist. In der Form auskühlen lassen. Den kalten Schokokuchen herausnehmen, vom Papier befreien und auf einen Servierteller setzen. Mit geschlagener Sahne dekorieren und mit Zimt bestäuben. In Stücke geschnitten servieren.

Mokka-Baisertorte mit Walnüssen

Für 8 Personen

Vorbereitung: 1 Std. 25 Min.

Zubereitung: 1 Std. 35 Min.

Knusprig nussiges Baiser harmoniert hier mit der cremigen Weinbrandfüllung – die perfekte Torte für jeden Anlass.

ZUTATEN

4 Eiweiß

225 g brauner Zucker

115 g geschälte Walnüsse, fein gehackt

FÜLLUNG

175 g Zartbitterschokolade

40 g Butter

2 EL starker schwarzer Kaffee

2 EL Weinbrand

175 g Schlagsahne

Puderzucker, zum Bestäuben

Variation

Ersetzen Sie die Walnüsse durch gehackte geröstete Haselnüsse oder gemahlene Mandeln.

Tipp

Durch das beschichtete Backpapier kann man die abgekühlten Baisers leichter vom Blech lösen. Verwenden Sie zum Verstreichen der Eimischung ein Palettmesser.

1 Den Backofen auf 140 °C vorheizen. 2 Backbleche mit Backpapier auslegen. Das Eiweiß in einer großen Schüssel steif schlagen. Die Hälfte des Zuckers unterrühren. Den restlichen Zucker mit den Walnüssen mischen und unter den Eischnee ziehen.

2 Die Mischung in Form zweier 20 cm großer Scheiben auf die Backbleche streichen. 90 Minuten trocken backen. Im Backofen abkühlen lassen.

3 Die Schokolade für die Füllung in kleine Stücke brechen und mit Butter, Kaffee und Weinbrand in eine Glasschüssel geben. Auf einen Topf mit sanft köchelndem Wasser stellen, bis die Schokolade geschmolzen ist. Glatt rühren und abkühlen lassen. Die Sahne in einer zweiten Schüssel kurz schlagen, dann unter die Schokoladenmischung ziehen. Die Füllung auf eine Teigscheibe verstreichen, die zweite darauf setzen. Vor dem Servieren mit gesiebtem Puderzucker bestäuben.

Bananen-Schoko-Teekuchen

Für 8 Personen **Vorbereitung: 10 Min.** **Zubereitung: 1 Std.**

Mit diesem Kuchen können Sie überreife Bananen aus dem Obstkorb ideal verwerten. Er schmeckt hervorragend mit Butter.

ZUTATEN

115 g weiche Butter, plus etwas mehr zum Einfetten
2 reife Bananen
85 g brauner Zucker
2 Eier
200 g Mehl
3 TL Backpulver
25 g Kakaopulver
1–2 EL Milch
100 g Zartbitter-Schokotröpfchen
Butter, zum Servieren

Variation

Geben Sie gegen Ende von Schritt 2 55 g gehackte Walnüsse oder gehackte Datteln in die Mischung.

Tipp

Um sich die Arbeit zu erleichtern, können Sie die Zutaten in der Küchenmaschine mischen und die Schokotröpfchen dann von Hand einrühren.

1 Den Backofen auf 180 °C vorheizen. Eine Kastenform (900 ml) einfetten. Die Bananen schälen und in einer großen Schüssel mit der Gabel zerdrücken.

2 Butter, Zucker und Eier zugeben, dann Mehl, Backpulver und Kakao hineinsieben. Kräftig glatt rühren und mit Milch zu einem zähflüssigen Teig verarbeiten. Zuletzt die Schokotröpfchen unterrühren.

3 Die Mischung in die Form füllen und 50–60 Minuten backen, bis der Teig aufgegangen ist und ein in die Mitte gestochener Holzspieß teigfrei bleibt. 5 Minuten in der Form abkühlen lassen, dann zum Auskühlen auf ein Kuchengitter setzen. In Scheiben schneiden und mit Butter servieren.

Sizilianischer Cassata-Kuchen

Zubereitung: 40 Min.

Vorbereitung: 9 Std. 25 Min.

Für 8 Personen

Dieser mit Ricotta, kandierten Früchten, gehackten Nüssen und Schokolade gefüllte Kuchen ist eine sizilianische Spezialität.

Variation

Sie können den Marsala auch durch trockenen Sherry oder Weinbrand ersetzen.

Tipp

Kaufen Sie nach Möglichkeit ganze kandierte Früchte, und hacken Sie sie selbst. Bewahren Sie den Kuchen im Kühlschrank auf.

ZUTATEN

175 g weiche Butter, plus etwas mehr zum Einfetten
150 g Mehl
2½ TL Backpulver
2 EL Kakaopulver
175 g brauner Zucker
3 Eier
Puderzucker, zum Bestäuben
Schokoladenlocken (siehe Seite 10), zum Dekorieren

FÜLLUNG

450 g Ricotta
100 g Zartbitterschokolade, gerieben
115 g brauner Zucker
3 EL Marsala
55 g kandierte Früchte, gehackt
25 g Mandeln, gehackt

1 Den Backofen auf 190 °C vorheizen. Eine Springform (18 cm Ø) einfetten und den Boden mit Backpapier auslegen. Mehl, Backpulver und Kakao in eine große Schüssel sieben. Mit Butter, Zucker und Eiern cremig schlagen. Den Teig in die Form geben und 30–40 Minuten backen, bis er aufgegangen und fest ist. Dann 5 Minuten in der Form abkühlen lassen und zum Auskühlen auf ein Kuchengitter setzen.

2 Die Springform auswaschen, abtrocknen und erneut einfetten und mit Backpapier auslegen. Den Ricotta für die Füllung durch ein Sieb in eine Schüssel streichen. Schokolade, Zucker und Marsala zugeben und locker schlagen. Früchte und Mandeln unterrühren.

3 Die dünne Kruste von der Oberseite des Kuchens abschneiden und wegwerfen. Den Kuchen horizontal in 3 Böden schneiden. Den ersten Boden in die Form legen und mit der Hälfte der Füllung bestreichen. Die Schichtung wiederholen und mit dem dritten Teigboden abschließen. Leicht andrücken, mit einem Teller und einem Gewicht beschweren und 8 Stunden oder über Nacht in den Kühlschrank stellen. Den Kuchen zum Servieren auf einen Teller setzen, mit Puderzucker bestäuben und mit Schokoladenlocken dekorieren.

Schokokuchen mit Zitronencreme

Für 8–10 Personen **Vorbereitung: 50 Min.** **Zubereitung: 1 Std. 15 Min.**

Der knusprige Schokoladenteig bildet hier die perfekte Hülle für eine cremige Zitronenfüllung.

ZUTATEN

100 g Mehl
25 g Kakaopulver
75 g Butter, plus etwas mehr zum Einfetten
25 g gemahlene Mandeln
50 g brauner Zucker
1 Ei, verquirlt
Schokoladenlocken (siehe Seite 10), zum Dekorieren

FÜLLUNG

4 Eier
1 Eigelb
200 g brauner Zucker
150 g Schlagsahne
abgeriebene Schale und Saft von 2 Zitronen

Variation

Für einen Kuchen mit Orangengeschmack ersetzen Sie abgeriebene Schale und Saft von 2 Zitronen durch Schale und Saft von 2 Orangen.

Tipp

Zitrusfrüchte aus dem Supermarkt sind meist gespritzt und gewachst. Wenn Sie also Zitrusschale für einen Kuchen verwenden wollen, kaufen Sie ungespritzte und ungewachste Früchte.

1

2

3

1 Mehl und Kakaopulver in die Küchenmaschine sieben. Butter, Mandeln, Zucker und Eier zugeben und zu einer Teigkugel verarbeiten. Den Teig herausnehmen und leicht flach drücken. In die Mitte einer eingefetteten Flan-Springform (22 cm Ø) setzen und mit den Fingern gleichmäßig in die Form drücken. Überschüssigen Teig entfernen. Abgedeckt 30 Minuten kalt stellen.

2 Den Backofen auf 200 °C vorheizen. Den Teigboden mehrfach mit einer Gabel einstechen, dann mit Backpapier auslegen, mit Backbohnen beschweren und 12–15 Minuten blindbacken. Bohnen und Papier entfernen und den Teig 10 Minuten fertig backen. Abkühlen lassen. Die Backofentemperatur auf 150 °C reduzieren.

3 Eier, Eigelb und Zucker für die Füllung glatt rühren. Die Sahne unterrühren, dann Zitronenschale und Saft einrühren. Die Füllung in die Teigform gießen und 50 Minuten backen. Den Ring der Form entfernen und den Kuchen abkühlen lassen. Vor dem Servieren mit Schokoladenlocken dekorieren.

Kuchen mit Schoko-Fudge

Zubereitung: 1 Std. 15 Min. **Vorbereitung: 45 Min.** **Für 6–8 Personen**

Am einfachsten und schnellsten ist dieser Kuchen mit backfertigem Teig zubereitet. Reichen Sie dazu Schlagsahne.

Variation

Verwenden Sie als besondere Note statt des Mürbeteigs die Variante 2 des Schokoladenteigs (siehe Seite 13).

Tipp

Am einfachsten bekommt man den ausgerollten Teig in die gewünschte Form, indem man ihn locker um die Teigrolle wickelt und von dort aus in die Form gleiten lässt.

ZUTATEN

350 g backfertiger Mürbeteig
Mehl, zum Bestäuben
Butter, zum Einfetten
Puderzucker, zum Bestäuben

350 g brauner Zucker
100 g Mehl
2–3 Tropfen Vanillearoma
6 Eier, verquirlt

FÜLLUNG

140 g Zartbitterschokolade, fein gehackt
175 g Butterflocken

ZUM SERVIEREN

150 g Schlagsahne
Zimt

1

2

3

1 Den Backofen auf 200 °C vorheizen. Den Teig auf einer leicht bemehlten Arbeitsfläche ausrollen und eine eingefettete Flan-Springform (20 cm Ø) damit auskleiden. Den Teigboden mehrfach mit der Gabel einstechen, dann mit Backpapier und Backbohnen bedecken. In 12–15 Minuten blindbacken. Papier und Bohnen entfernen und weitere 10 Minuten fertig backen. Abkühlen lassen. Die Backofentemperatur auf 180 °C reduzieren.

2 Schokolade und Butter für die Füllung in einer Glasschüssel auf einen Topf mit leicht köchelndem Wasser stellen, bis die Schokolade geschmolzen ist. Glatt rühren und abkühlen lassen. Zucker, Mehl, Vanillearoma und Eier in einer separaten Schüssel verrühren. Die Schokoladenmischung unterrühren.

3 Die Füllung in die Teigform geben und 50 Minuten backen. Gut auskühlen lassen, dann mit Puderzucker bestäuben. Zum Servieren mit Zimt bestäubte Schlagsahne reichen.

Kleingebäck

Opulente Kuchen und Torten haben eine spektakuläre Wirkung. Doch auch Kleingebäck nimmt auf seine Weise für sich ein, denn bei einem kleinem Tortelett etwa ist es ganz unkompliziert, einfach zuzugreifen.

Dieses Kapitel bietet Ihnen verführerische Rezepte für kleine Gebäckköstlichkeiten an, die Sie zu Tee oder Kaffee reichen können – z. B. Schoko-Ingwer-Baisers *(Seite 128) oder* Himbeer-Schoko-Eclairs *(Seite 122). Und auch das Schicksal der einfach zubereiteten* Englischen Cup Cakes *(Seite 130) oder der* Schoko-Brownies *mit oder ohne* Fudge-Sauce *(Seite 117) ist längst besiegelt: Sie werden das Ende des Abends kaum erleben.*

Die Franzosen beginnen ihren Tag gern mit Pains au Chocolat *(Seite 127) und die Amerikaner mit* Pekannuss-Schoko-Pfannkuchen *(Seite 123) oder* Schoko-Muffins mit Häubchen *(Seite 118). Viele dieser kleinen Kuchen eignen sich auch sehr gut als warme oder kalte Desserts. So können Sie den Tag beispielsweise stilvoll mit* Weißen Schokotörtchen *(Seite 121) oder* Schoko-Pistazien-Blätterteigröllchen *(Seite 124) zu frisch aufgebrühtem Kaffee ausklingen lassen.*

Mokka-Brownies mit Schokoglasur

Ergibt 9 große oder 16 kleine Brownies

Vorbereitung: 50 Min.

Zubereitung: 30 Min.

Eine Schokoladenglasur mit saurer Sahne und die herbe Kaffeenote des Teigs verleihen diesen Brownies ein elegantes Flair.

ZUTATEN

55 g Butter, plus etwas mehr zum Einfetten
115 g Zartbitterschokolade, in Stücke gebrochen
175 g dunkler Rohrzucker
2 Eier
2 EL starker schwarzer Kaffe, abgekühlt
85 g Mehl
½ TL Backpulver
1 Prise Salz
55 g geschälte Walnüsse, gehackt

GLASUR

115 g Zartbitterschokolade, in Stücke gebrochen
150 g saure Sahne

Variation

Diese Brownies können auch ohne Glasur zubereitet und warm mit Vanilleeis oder Schlagsahne serviert werden.

Tipp

Lassen Sie die Brownies nicht im Kühlschrank, sondern an einem kühlen Ort in der Form abkühlen. Nicht glasierte Brownies halten sich in einem luftdicht schließenden Gefäß bis zu 3 Tage.

1 Den Backofen auf 180 °C vorheizen. Eine quadratische Kuchenform (20 cm) mit Butter einfetten. Schokolade und Butter in einer kleinen Glasschüssel auf einen Topf mit leicht köchelndem Wasser stellen, bis die Schokolade geschmolzen ist. Glatt rühren und abkühlen lassen.

2 Zucker und Eier steif schlagen. Schokoladenmischung und Kaffee unterrühren. Mehl, Backpulver und Salz in die Mischung sieben und unterziehen. Die Walnüsse untermengen. Den Teig in die Form gießen und 20–25 Minuten backen. In der Form abkühlen lassen.

3 Die Schokolade für die Glasur schmelzen (siehe Seite 9–10), dann die saure Sahne einrühren. Die Glasur auf dem Kuchen verstreichen und mit einem Palettmesser zu Wellen formen. An einem kühlen Ort fest werden lassen. In Stücke schneiden, aus der Form heben und servieren.

Schoko-Brownies mit Fudge-Sauce

Zubereitung: 1 Std. **Vorbereitung: 25 Min.** **Ergibt 9 große oder 16 kleine Brownies**

Zartbitterschokolade, Kakao und weiße Schokotröpfchen machen diese Brownies zur Versuchung für jeden Schokoladenliebhaber. Und die Fudge-Sauce macht sie schlicht unwiderstehlich.

Variation

Lässt man die gebackenen Brownies komplett auskühlen, kann man sie ohne Sauce auch als Kuchen servieren.

Tipp

Ersetzen Sie für eine kräftigere Fudge-Sauce den braunen Zucker durch die gleiche Menge hellen oder dunklen Rohrzuckers.

ZUTATEN

115 g Butter, plus etwas mehr zum Einfetten
115 g Zartbitterschokolade, in Stücke gebrochen
300 g brauner Zucker
1 Prise Salz
5 Tropfen Vanillearoma
2 große Eier
115 g Mehl
2 EL Kakaopulver
100 g weiße Schokotröpfchen

FUDGE-SAUCE

55 g Butter
225 g brauner Zucker
150 ml Milch
250 g Schlagsahne
150 ml Zuckersirup
200 g Zartbitterschokolade, in Stücke gebrochen

1

2

3

1 Den Backofen auf 180 °C vorheizen. Eine quadratische Kuchenform (18 cm) einfetten. Butter und Schokolade in einer Glasschüssel auf einen Topf mit köchelndem Wasser stellen, bis die Schokolade geschmolzen ist. Glatt rühren und leicht abkühlen lassen. Zucker, Salz und Vanillearoma einrühren. Nacheinander die Eier zugeben und nach jeder Zugabe gründlich verrühren.

2 Mehl und Kakaopulver hineinsieben und glatt rühren. Die Schokotröpfchen einrühren, dann den Teig in die Form füllen. 35–40 Minuten backen, bis ein in die Mitte gestochener Holzspieß teigfrei bleibt. Anschließend leicht abkühlen lassen.

3 Für die Sauce Butter, Zucker, Milch, Sahne und Sirup in einem kleinen Topf erhitzen, bis der Zucker gelöst ist. Unter Rühren 10 Minuten kochen, bis die Sauce Karamellfarbe annimmt. Vom Herd nehmen, die Schokolade zugeben und glatt rühren. Den Kuchen in Stücke schneiden und mit der Sauce servieren.

Schoko-Muffins mit Häubchen

Ergibt 12 Stück **Vorbereitung: 15 Min.** **Zubereitung: 20 Min.**

Da die Zutaten im Handumdrehen verrührt sind, lassen sich Muffins rasch zubereiten. Man backt sie in Papierförmchen.

ZUTATEN

200 g Mehl
25 g Kakaopulver, plus etwas mehr zum Bestäuben
1 EL Backpulver
1 TL Zimt
115 g brauner Zucker
185 weiße Schokolade, in Stücke gebrochen
2 Eier
100 ml Sonnenblumenöl
225 ml Milch

Variation

Statt weißer Schokolade können Sie für die Hauben auch Zartbitter- oder Milchschokolade verwenden und anschließend mit Zimt bestreuen.

Tipp

Verrühren Sie die Teigzutaten nicht zu lange, da die Muffins sonst zu fest werden. Der Teig darf ruhig etwas klumpig sein.

1 Den Backofen auf 200 °C vorheizen. Jede Mulde eines Muffinblechs mit 2 Papier-Backförmchen bestücken. Mehl, Kakaopulver, Backpulver und Zimt in eine große Schüssel sieben. Zucker und 125 g weiße Schokolade einrühren.

2 Eier und Öl in einer zweiten Schüssel schaumig schlagen, dann nach und nach die Milch einrühren. Mit den Trockenzutaten verrühren. Die Papierförmchen jeweils zu drei Vierteln mit Teig füllen. 20 Minuten backen, bis die Muffins aufgegangen sind. 2 Minuten abkühlen, dann aus dem Blech nehmen und vollständig abkühlen lassen.

3 Die restliche weiße Schokolade schmelzen (siehe Seite 9–10) und als Haube auf die Muffins streichen. Fest werden lassen, mit Kakaopulver bestäuben und servieren.

Fudge-Nuss-Muffins

Zubereitung: 25 Min. **Vorbereitung: 40 Min.** **Ergibt 12 Stück**

Die saftig weichen Fudge-Würfel verleihen diesen Muffins eine geschmeidige Konsistenz – ein leckerer Kontrast zu den Nüssen.

Variation

Ersetzen Sie für einen intensiveren Schokoladengenuss den Vanille-Fudge durch Milch- oder Zartbitter-schokoladen-Fudge.

ZUTATEN

250 g Mehl

4 TL Backpulver

85 g brauner Zucker

6 EL grobe Erdnussbutter

1 Ei, verquirlt

60 g Butter, zerlassen

175 ml Milch

150 g Vanille-Fudge, in kleinen Würfeln

3 EL ungesalzene Erdnüsse, grob gehackt

1 Den Backofen auf 200 °C vorheizen. Jede Mulde eines Muffinblechs mit 2 Papier-Backförmchen bestücken. Mehl und Backpulver in eine Schüssel sieben und den Zucker einrühren. Mit der Erdnussbutter fein krümelig verrühren.

2 Ei, Butter und Milch in einer zweiten Schüssel verrühren, dann kurz mit den Trockenzutaten vermischen. Die Fudge-Würfel unterrühren, dann den Teig auf die Papierformen verteilen.

3 Die Muffins mit gehackten Erdnüssen bestreuen und 20–25 Minuten backen, bis sie aufgegangen und fest sind. 2 Minuten abkühlen lassen, dann zum Auskühlen auf ein Kuchengitter setzen.

Weiße Schokotörtchen

Zubereitung: 20 Min.

Vorbereitung: 2 Std. 15 Min.

Ergibt 12 Stück

Diese handlichen Törtchen sind ideale Begleiter für den Kaffee nach dem Abendessen oder auch als nachmittägliches Teegebäck.

Variation

Für eine gediegene Variante verwenden Sie Schokoladenteig (siehe Seite 13). Ersetzen Sie die weiße Schokolade durch Zartbitterschokolade.

Tipp

Das Mark der Vanilleschote hat einen kräftigeren Geschmack als die Schote selbst. Geben Sie zum Aromatisieren eine Vanilleschote in ein Glas mit Zucker.

ZUTATEN

225 g Mehl, plus etwas mehr zum Bestäuben
150 g kalte Butterflocken, plus etwas mehr zum Einfetten
25 g brauner Zucker
2 Eigelb
2 EL kaltes Wasser
Schokoladenlocken (siehe Seite 10), zum Dekorieren
Kakaopulver, zum Bestäuben

FÜLLUNG

1 Vanilleschote
400 g Schlagsahne
350 g weiße Schokolade, in Stücke gebrochen

1 Mehl und Zucker in eine Schüssel geben und mit der Butter zu einem feinkrümeligen Teig verarbeiten. Eigelb und Wasser in einer zweiten Schüssel verquirlen. Mit den Trockenzutaten vermengen und 1 Minute glatt kneten. Den Teig in Frischhaltefolie einschlagen und 20 Minuten in den Kühlschrank legen.

2 Den Backofen auf 200 °C vorheizen. Den Teig auf einer bemehlten Arbeitsfläche ausrollen und 12 eingefettete Tortelettformen damit auskleiden. Die Teigböden mehrfach einstechen, abdecken und 15 Minuten kalt stellen. Mit Alufolie und Backbohnen abdecken und 10 Minuten blindbacken. Folie und Bohnen entfernen und 5 Minuten fertig backen. Anschließend abkühlen lassen.

3 Für die Füllung die Vanilleschote längs aufschneiden und das Mark mit einem Messer ausschaben. Das Mark mit der Sahne in einem Topf erhitzen, aber nicht kochen. Die Schokolade in eine Glasschüssel geben und mit der heißen Vanillesahne übergießen. Glatt rühren, dann mit der Küchenmaschine leicht schlagen. Etwa 30 Minuten kalt stellen, anschließend steif schlagen. Die Füllung auf die Teigformen verteilen und 30 Minuten kalt stellen. Mit Schokoladenlocken dekorieren, mit Kakaopulver bestäuben und servieren.

Himbeer-Schoko-Eclairs

Ergibt 20–24 Stück **Vorbereitung: 45 Min.** **Zubereitung: 40 Min.**

Mit diesen kleinen dekorativen Früchte-Eclairs bereichern Sie jede sommerliche Kaffeerunde.

ZUTATEN

55 g Butter
150 ml Wasser
70 g Mehl, gesiebt
2 Eier, verquirlt

FÜLLUNG UND BELAG

175 g Schlagsahne
1 EL Puderzucker
175 g frische Himbeeren
85 g Zartbitterschokolade, in Stücke gebrochen

Variation

Statt mit dem Spritzbeutel kann man die Teigmischung auch mit dem Löffel auf die Bleche setzen.

Tipp

Die Teigstreifen können einige Tage im Voraus zubereitet und eingefroren werden. Allerdings muss man sie dann 5 Minuten länger backen.

1

2

3

1 Den Backofen auf 220 °C vorheizen. Für den Teig Butter und Wasser in einem Topf bei schwacher Hitze zum Kochen bringen. Das Mehl zugeben und gründlich verrühren, bis sich die Mischung vom Topfrand löst. Leicht abkühlen lassen, dann unter kräftigem Rühren nach und nach die Eier zugeben.

2 Die Mischung in einen Spritzbeutel mit einer 1-cm-Tülle füllen und Streifen (20–24 cm x 7,5 cm) auf befeuchtete Backbleche spritzen. 10 Minuten backen, dann die Temperatur auf 190 °C reduzieren und weitere 20 Minuten backen, bis der Teig knusprig und goldgelb ist. Die Eclairs seitlich aufschneiden, damit der Dampf entweicht, dann auf einem Kuchengitter auskühlen lassen.

3 Sahne und Puderzucker für die Füllung in einer Schüssel steif schlagen. In die Eclairs füllen. In jedes Eclair einige Himbeeren geben. Die Schokolade schmelzen (siehe Seite 9–10) und ein wenig davon auf jedes Eclair streichen. Fest werden lassen, die Eclairs auf einem großen Teller anrichten und servieren.

Pekannuss-Schoko-Pfannkuchen

Zubereitung: 20 Min. **Vorbereitung: 10 Min.** **Ergibt 12–16 Stück**

In den USA sind diese kleinen Pfannkuchen mit Nüssen und Schokolade zu jeder Tageszeit beliebt.

Variation

Servieren Sie die Pfannkuchen in Stapeln, die Sie mit Ahornsirup übergießen und mit einem Löffel Vanille-Eiscreme krönen.

ZUTATEN

225 g Mehl
3¼ TL Backpulver
1 Prise Salz
1 Ei
300 ml Milch
15 g Butter, zerlassen
2–3 Tropfen Vanillearoma
25 g brauner Zucker
55 g Zartbitter-Schokotröpfchen
55 g geschälte Pekannüsse, gehackt
Sonnenblumenöl, zum Backen
Butter, zum Servieren (nach Belieben)

1

2

3

1 Mehl, Backpulver und Salz in eine große Schüssel sieben und eine Mulde in die Mitte drücken. Ei und Milch in einer kleinen Schüssel verquirlen, in die Mulde geben und mit den Trockenzutaten zu einem dicken, geschmeidigen Teig verarbeiten.

2 Zunächst Butter und Vanillearoma, dann Zucker, Schokotröpfchen und Pekannüsse einrühren. 1 Teelöffel Öl in einer großen Pfanne erhitzen. Jeweils gehäufte Esslöffel Teig in die Pfanne geben und zu 7,5 cm großen Pfannkuchen verstreichen.
3 Minuten bei mittlerer Hitze backen, bis der Teig kleine Blasen wirft.

3 Die Pfannkuchen mit dem Palettmesser wenden und weitere 2–3 Minuten goldgelb backen. Während der Zubereitung die fertigen Pfannkuchen zum Warmhalten in Alufolie einschlagen. Nach Belieben mit Butter servieren.

Schoko-Pistazien-Blätterteigröllchen

Ergibt 20 Stück **Vorbereitung: 20 Min.** **Zubereitung: 20 Min.**

In Form und Geschmack vermitteln diese kleinen Köstlichkeiten dank Rosenwasser und Pistazien einen Hauch von Orient.

ZUTATEN

55 g Butter, zerlassen, plus etwas mehr zum Einfetten
10 Blätter Filo-Teig (18 cm x 30 cm)
Puderzucker, zum Bestäuben

FÜLLUNG

55 g geschälte Pistazien, grob gemahlen
55 g gemahlene Haselnüsse
25 g brauner Zucker
1 EL Rosenwasser
55 g Zartbitterschokolade, gerieben

Variation

Ersetzen Sie die Pistazien durch Mandeln und das Rosenwasser durch Orangenblütenwasser. Geben Sie einige Rosinen in die Füllung.

Tipp

Filo-Teig trocknet nach dem Auspacken schnell aus. Um das zu verhindern, decken Sie ihn mit einem sauberen Küchentuch ab.

1 Den Backofen auf 180 °C vorheizen. 2 Backbleche einfetten. Die Zutaten für die Füllung in einer Schüssel mischen. Die Filo-Teigblätter längs halbieren, die Hälften aufeinander legen und mit einem Geschirrtuch abdecken.

2 Das oberste Teigblatt mit etwas zerlassener Butter bestreichen. 1 Teelöffel Füllung auf ein Ende des Rechtecks geben. Die Längsseiten leicht über die Füllung schlagen und den Teig von der Schmalseite her einrollen. Das Teigröllchen mit der Nahtseite nach unten auf ein Backblech legen.

3 Den Vorgang mit dem gesamten Teig und der restlichen Füllung wiederholen, dann die Oberseiten der Röllchen mit Butter bestreichen. 20 Minuten knusprig und hell goldgelb backen. Auf einem Kuchengitter abkühlen lassen. Mit etwas gesiebtem Puderzucker bestäuben und servieren.

Pains au chocolat

Zubereitung: 20 Min.

Vorbereitung: 7 Std. 40 Min.

Ergibt 8 Stück

Diese kleinen „Schokoladenbrote" gehören zu Frankreich wie das Baguette – sie sind nur unwiderstehlicher.

Variation

Ersetzen Sie die Zartbitterschokolade durch die gleiche Menge Milchschokolade oder Milchschokoladen-Tröpfchen.

Tipp

Sie können die *Pains* am Abend vorbereiten, abdecken, über Nacht kalt stellen und zum Frühstück servieren. Lassen Sie sie vor dem Backen 30 Minuten bei Zimmertemperatur ruhen.

ZUTATEN

- **100 g Butter, plus etwas mehr zum Einfetten**
- **250 g Hartweizenmehl, plus etwas mehr zum Bestäuben**
- **1 TL Salz**
- **2 TL Trockenhefe**
- **175 ml Milch**
- **25 g brauner Zucker**
- **1 EL Öl, plus etwas mehr zum Bestreichen**
- **115 g Zartbitterschokolade, grob gehackt**

GLASUR

- **1 Eigelb**
- **2 EL Milch**

1

2

3

1 Ein Backblech einfetten. Mehl und Salz sieben und mit der Hefe verrühren. Eine Mulde in die Mitte drücken. Die Milch in einem Topf lauwarm erhitzen. Mit Zucker und Öl glatt rühren, dann zum Mehl geben und gründlich verrühren. Den Teig auf einer leicht bemehlten Arbeitsfläche glatt kneten und in eine eingefettete Schüssel geben. Abdecken und an einem warmen Ort 2–3 Stunden auf sein doppeltes Volumen aufgehen lassen.

2 Den Teig auf einer bemehlten Arbeitsfläche erneut kneten und zu einem Rechteck (3-mal so lang wie breit) ausrollen. Die Butter in drei Portionen teilen. Eine Portion in Flocken über die oberen zwei Drittel des Teigs verteilen, dabei einen 1 cm breiten Rand lassen. Zuerst das untere Drittel, dann das obere Drittel nach innen falten. Die Ränder fest andrücken. Den Teig um 90 Grad drehen und erneut zu einem Rechteck ausrollen. Den Vorgang 2-mal wiederholen, dann in der Mitte falten. Den Teig in einen eingefetteten Gefrierbeutel geben und 1 Stunde kalt stellen.

3 Den Backofen auf 220 °C vorheizen. Den Teig halbieren und zu 2 Rechtecken ausrollen. Jede Hälfte in 4 Rechtecke schneiden. Jeweils die Schmalseite mit Schokolade bestreuen und einrollen. Auf dem Backblech 2–3 Stunden gehen lassen. Eigelb und Milch verquirlen und die Röllchen damit bestreichen. 15–20 Minuten goldgelb backen.

Schoko-Ingwer-Baisers

Ergibt 8 Stück **Vorbereitung: 15 Min.** **Zubereitung: 1 Std. 30 Min.**

Bei diesen Baisers stößt man mit jedem Biss auf Schokolade und eine köstliche Ingwersahne-Füllung.

ZUTATEN

225 g Zartbitterschokolade

4 Eiweiß

225 g brauner Zucker

FÜLLUNG

300 g Schlagsahne

3 Stücke kandierter Ingwer, fein gehackt

1 EL Ingwersirup

Tipp

Schlagen Sie die Baisermischung nicht zu stark. Geben Sie den Zucker langsam unter ständigem Rühren hinzu, und rühren Sie die geraspelte Schokolade dann sorgfältig ein.

1

1

3

1 Den Backofen auf 120 °C vorheizen. 2 Backbleche mit Backpapier auslegen. Die Hälfte der Schokolade raspeln. Das Eiweiß in einer großen Schüssel steif schlagen. Nach und nach die Hälfte des Zuckers unterrühren. Die geraspelte Schokolade mit dem restlichen Zucker mischen und unter den Eischnee ziehen.

2 16 Esslöffel der Baisermischung auf die Backbleche setzen oder spritzen. 90 Minuten trocken backen. Auf Kuchengittern abkühlen lassen. Die restliche Schokolade schmelzen (siehe Seite 9–10) und den Boden jedes Baisers mit Schokolade bestreichen. Auf Kuchengittern fest werden lassen.

3 Die Sahne für die Füllung in einer Schüssel steif schlagen. Ingwer und Ingwersirup unterziehen. Jeweils ein Baiser mit etwas Ingwersahne bestreichen und mit einem zweiten Baiser abdecken.

Bananen-Schoko-Taschen

Zubereitung: 16 Min. **Vorbereitung: 15 Min.** **Ergibt 12 Stück**

Diese kleinen Knuspertaschen kann man sowohl als Party-Snack wie auch zu Kaffee oder Tee servieren.

Variation

Sie können die Sauce in Schritt 3 noch mit 1 Esslöffel Weinbrand verfeinern und dann wie im Rezept angegeben fortfahren.

ZUTATEN

1 Banane

25 g Zartbitter-Schokotröpfchen

4 Blätter Filo-Teig (18 cm x 30 cm)

55 g Butter, zerlassen

SAUCE

150 g Schlagsahne

55 g Zartbitterschokolade, in Stücke gebrochen

1 Den Backofen auf 180 °C vorheizen. Die Banane schälen und in einer Schüssel mit der Gabel zerdrücken. Die Schokotröpfchen einrühren. Ein Blatt Filo-Teig mit zerlassener Butter bestreichen und in 3 Streifen von jeweils 6 cm Breite schneiden.

2 Etwas Bananenmischung auf das Ende jedes Streifens setzen und eine Ecke des Teigs zu einem Dreieck über die Füllung schlagen. Den Streifen so falten, dass eine dreieckige Tasche entsteht. Mit der Naht nach unten auf ein Backblech legen. Ebenso Restteig und -füllung verarbeiten. 10–12 Minuten goldbraun backen.

3 Sahne und Schokolade für die Sauce in einem Topf sanft erhitzen, bis die Schokolade geschmolzen ist, dann glatt rühren. Die Bananen-Schoko-Taschen mit der Sauce servieren.

Englische Cup Cakes

Ergibt etwa 20 Stück **Vorbereitung: 20 Min.** **Zubereitung: 35 Min.**

Diese leckeren Küchlein sind leicht und saftig und mit einer köstlichen Schokoladenglasur verfeinert.

ZUTATEN

200 ml Wasser
85 g Butter
85 g brauner Zucker
1 EL Zuckersirup
3 EL Milch
5 Tropfen Vanillearoma
1 TL Speisenatron
2 EL Kakaopulver
225 g Mehl

GLASUR

50 g Zartbitterschokolade, in Stücke gebrochen
4 EL Wasser
50 g Butter
50 g weiße Schokolade, in Stücke gebrochen
350 g Puderzucker

DEKORATION

kandierte Rosenblätter
kandierte Veilchen

Variation

Statt mit kandierten Blüten können Sie die Küchlein mit Schokoladenlocken (siehe Seite 10) oder gehackten Haselnüssen dekorieren.

Tipp

Es lohnt sich, in einen Satz von Messlöffeln zu investieren. Beim Abmessen von Speisenatron beispielsweise ist genaues Abmessen wichtig.

1

2

3

1 Den Backofen auf 180 °C vorheizen. 2 Muffin-Bleche mit Papier-Backförmchen bestücken. Wasser, Butter, Zucker und Sirup in einem Topf unter Rühren erhitzen, bis der Zucker gelöst ist. Aufkochen und bei reduzierter Temperatur 5 Minuten leicht köcheln lassen. Anschließend vom Herd nehmen und abkühlen lassen. Milch und Vanillearoma in einer Schüssel mischen. Natron darin unter Rühren auflösen. Kakaopulver und Mehl in eine zweite Schüssel sieben und die Sirupmischung zugeben. Die Milch zufügen und glatt rühren.

2 Die Papierförmchen zu zwei Dritteln mit der Teigmischung füllen. 20 Minuten backen, bis der Teig fest ist. Anschließend abkühlen lassen. Die Zartbitterschokolade für die Glasur in einer kleinen Glasschüssel mit der Hälfte des Wassers und der Hälfte der Butter auf einen Topf mit köchelndem Wasser stellen, bis die Schokolade geschmolzen ist, dann glatt rühren. Die weiße Schokolade ebenso mit dem restlichen Wasser und der Butter verarbeiten.

3 Jeweils die Hälfte des Puderzuckers in jede Schokoladenmischung geben und glatt rühren. Die beiden Glasuren auf die Küchlein verteilen, dabei die Förmchen bis zum Rand auffüllen. Abkühlen lassen, dann auf jedes dunkle Küchlein ein Rosenblatt und auf jedes helle eine Veilchenblüte setzen. Die Glasur vor dem Servieren fest werden lassen.

Plätzchen & Kekse

Selbst gebackene Plätzchen und Kekse sind viel preisgünstiger als gekaufte und schmecken dazu noch wesentlich besser. Ihre Zubereitung ist kein Problem, schon mit wenigen einfachen Zutaten können Sie eine Vielzahl leckeren Gebäcks herstellen. Kinder helfen gern beim Backen, und wenn man sie davon abhalten kann, die fertigen Kekse sofort selbst zu essen, können sie sie, schön verpackt, ihren Freunden mitnehmen.

Mit den Rezepten in diesem Kapitel unternehmen wir einen Streifzug durch die internationalen Backstuben – da findet man englisches Schoko-Shortbread *(Seite 152), italienischen* Panforte di Siena *(Seite 154) und griechische* Schoko-Nuss-Kipferln *(Seite 144). Daneben finden Sie selbstverständlich absolute Klassiker wie* Lebkuchen *(Seite 142),* Ananas-Kirsch-Florentiner *(Seite 148) und* Schoko-Zungen *(Seite 141).*

Aprikosen-Schoko-Plätzchen

Zubereitung: 15 Min. **Vorbereitung: 20 Min.** **Ergibt 12–14 Stück**

Aprikosen verleihen diesen Plätzchen ihren fruchtigen Geschmack. Bewahren Sie sie in einem luftdicht schließenden Gefäß auf.

Variation

Sie können die Trockenaprikosen auch durch getrocknete Preiselbeeren, Kirschen oder Rosinen ersetzen.

Tipp

Es ist wichtig, den Backofen vorzuheizen, bevor man die Plätzchen backt, da sie sonst nicht ganz durchbacken.

ZUTATEN

85 g weiche Butter, plus etwas mehr zum Einfetten
25 g brauner Zucker
55 g heller Rohrzucker
2–3 Tropfen Vanillearoma
1 Ei, verquirlt
175 g Mehl
1¾ TL Backpulver
115 g Zartbitterschokolade, grob gehackt
115 g Trockenaprikosen, grob gehackt

1 Den Backofen auf 180 °C vorheizen. 2 Backbleche einfetten. Butter, braunen Zucker, Rohrzucker und Vanillearoma in einer Schüssel mischen. Nach und nach mit dem Ei locker und luftig schlagen.

2 Mehl und Backpulver über die Mischung sieben und unterziehen, dann mit der Schokolade und den Aprikosen vermengen.

3 Den Teig esslöffelweise in größerem Abstand auf die Backbleche verteilen. 13–15 Minuten außen knusprig, innen saftig backen. 2 Minuten auf den Blechen abkühlen lassen, dann auf Kuchengittern vollständig auskühlen lassen.

Haferplätzchen mit Schokoflocken

Ergibt etwa 20 Stück **Vorbereitung: 15 Min.** **Zubereitung: 15 Min.**

Haferflocken verleihen diesen Plätzchen eine lockere Konsistenz und einen nussigen Geschmack.

ZUTATEN

115 g weiche Butter, plus etwas mehr zum Einfetten
115 g heller Rohrzucker
1 Ei
100 g Haferflocken
1 EL Milch
5 Tropfen Vanillearoma
125 g Mehl
1 EL Kakaopulver
½ TL Backpulver
175 g Zartbitterschokolade, in Stücke gebrochen
175 g weiße Schokolade, in Stücke gebrochen

Variation

Ersetzen Sie die Schokoladenstücke durch 175 g Milchschokoladen-Tröpfchen und 175 g gehackte Pekannüsse.

Tipp

Kekse und Plätzchen sollten nach dem Backen 2 Minuten auf dem Backblech ruhen, damit sie beim Umsetzen auf das Kuchengitter nicht zerfallen.

1 Den Backofen auf 180 °C vorheizen. 2 Backbleche einfetten. Butter und Zucker in einer Schüssel locker und luftig schlagen.

2 Das Ei einrühren, dann Haferflocken, Milch und Vanillearoma zugeben. Gründlich verrühren. Mehl, Kakao- und Backpulver hineinsieben und verrühren. Die Schokoladenstücke untermengen.

3 Den Teig teelöffelweise auf die Backbleche setzen und mit einer Gabel leicht flach drücken. 15 Minuten backen. 2 Minuten auf den Blechen abkühlen lassen, dann zum Auskühlen auf Kuchengitter setzen.

Schoko-Duo-Cookies

Ergibt etwa 24 Stück **Vorbereitung: 35 Min.** **Zubereitung: 12 Min.**

Diese Plätzchen mit weißen und dunklen Schokotröpfchen sind ein absolutes Muss für Schokoladenliebhaber.

ZUTATEN

200 g weiche Butter, plus etwas mehr zum Einfetten
200 g brauner Zucker
2–3 Tropfen Vanillearoma
1 großes Ei
225 g Mehl
1 Prise Salz
1 TL Speisenatron
115 g weiße Schokotröpfchen
115 g Zartbitter-Schokotröpfchen

Tipp

Wenn Sie die Plätzchen sehr knusprig wünschen, backen Sie sie 13–15 Minuten länger und fahren dann wie im Rezept angegeben fort.

1 Den Backofen auf 180 °C vorheizen. 2 Backbleche einfetten. Butter, Zucker und Vanillearoma in einer großen Schüssel verrühren. Nach und nach mit dem Ei locker und luftig schlagen.

2 Mehl, Salz und Natron in die Mischung sieben und einrühren. Die Schokotröpfchen unterrühren.

3 Den Teig teelöffelweise auf den Backblechen verteilen. 10–12 Minuten außen knusprig und innen saftig backen. 2 Minuten auf den Blechen abkühlen lassen, dann zum Auskühlen auf Kuchengitter setzen.

Knusprige Waffelkekse

Zubereitung: 10 Min. **Vorbereitung: 30 Min.** **Ergibt 18 Stück**

Diese hauchdünnen, knusprig nussigen Kekse passen perfekt zu einem frischem Obstdessert oder zu Eiscreme.

Tipp

Backen Sie unbedingt immer jeweils nur 1 Backblech mit Keksen, da der Teig sonst zu fest wird, bevor Sie ihn formen können.

ZUTATEN

55 g Butter, zerlassen und abgekühlt, plus etwas mehr zum Einfetten

2 Eiweiß

115 g brauner Zucker

40 g Mehl

1 EL Kakaopulver

25 g Mandelblättchen

abgeriebene Schale von 1 Orange

1 Den Backofen auf 180 °C vorheizen. 2 oder 3 Backbleche und eine Nudelrolle einfetten. Eiweiß und Zucker in einer Schüssel mit einer Gabel schaumig schlagen. Mehl und Kakaopulver einsieben. Mandeln und Orangenschale zugeben und mit der Gabel unterziehen. Die Butter zugeben und gründlich vermengen.

2 Den Teig teelöffelweise auf den Backblechen verteilen. Jede Portion mit einem Palettmesser leicht verstreichen. Jeweils nur 1 Backblech 8–10 Minuten backen, bis sich die Teigränder fest anfühlen.

3 Die Plätzchen vorsichtig mit dem Palettmesser abheben und noch warm über die Teigrolle legen. 1–2 Minuten fest werden lassen, dann vorsichtig ablösen und zum Auskühlen auf ein Kuchengitter legen. In einem luftdicht schließenden Behälter lagern.

Mokka-Walnuss-Plätzchen

Ergibt etwa 16 Stück **Vorbereitung: 40 Min.** **Zubereitung: 15 Min.**

Außen knusprig und innen weich – diese nussig herben Plätzchen bereichern jede Kaffee- und Teetafel.

ZUTATEN

115 g weiche Butter, plus etwas mehr zum Einfetten
115 g heller Rohrzucker
85 g brauner Zucker
5 Tropfen Vanillearoma
1 EL Instant-Kaffeepulver, in 1 EL heißem Wasser aufgelöst
1 Ei
175 g Mehl
½ TL Backpulver
¼ TL Speisenatron
55 g Milchschokoladen-Tröpfchen
55 g geschälte Walnüsse, grob gehackt

Tipp

Rohrzucker kann etwas klumpig sein. Darum sollten Sie ihn vor der Verarbeitung beim Backen gut durchsieben.

1 Den Backofen auf 180 °C vorheizen. 2 Backbleche einfetten. Butter, Rohrzucker und braunen Zucker in einer großen Schüssel locker schlagen. Vanillearoma, Kaffee und Ei in einer zweiten Schüssel schlagen.

2 Nach und nach die Kaffeemischung zur Buttercreme geben und locker verrühren. Mehl, Backpulver und Natron einsieben und vorsichtig unterziehen. Schokotröpfchen und Walnüsse unterheben.

3 Den Teig teelöffelweise auf den Backblechen verteilen. 10–15 Minuten backen, bis die Plätzchen außen knusprig, aber innen noch saftig sind. 2 Minuten auf den Backblechen abkühlen lassen, dann auf Kuchengittern ganz auskühlen lassen.

Schoko-Zungen

Zubereitung: 15 Min. **Vorbereitung: 20 Min.** **Ergibt etwa 30 Stück**

Diese Schoko-Zungen zergehen auf der Zunge und passen hervorragend zu Obst- und Creme-Desserts.

Tipp

Bestreuen Sie die noch warmen Schokoladenenden der Plätzchen mit gehackten Nüssen.

ZUTATEN

115 g weiche Butter, plus etwas mehr zum Einfetten
55 g Puderzucker, gesiebt
125 g Mehl
1 EL Kakaopulver
100 g Zartbitterschokolade, geschmolzen und abgekühlt (siehe Seite 9–10)

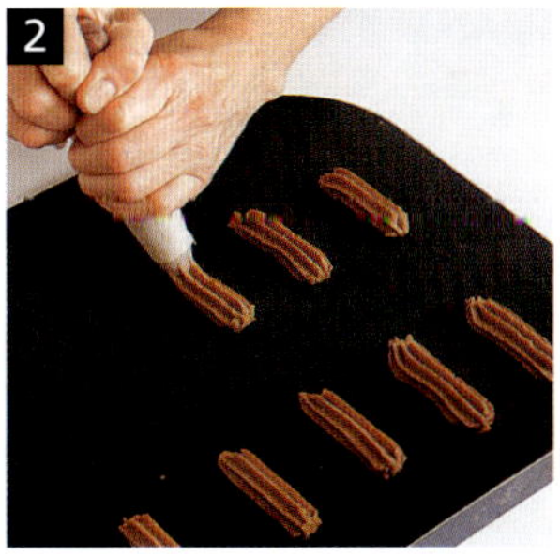

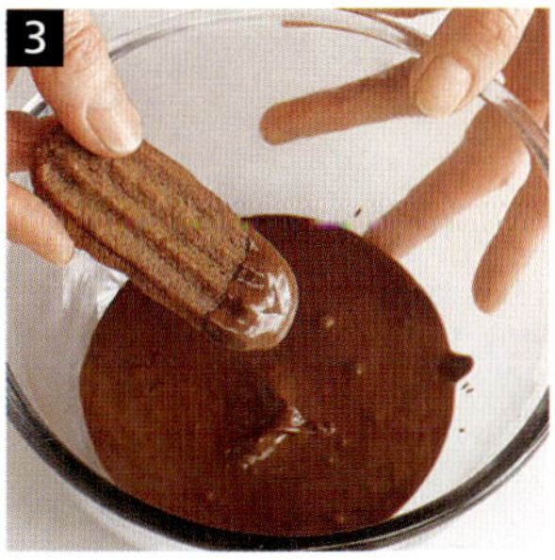

1 Den Backofen auf 180 °C vorheizen. 2 Backbleche einfetten. Butter und Zucker in einer Schüssel locker schlagen. Mehl und Kakaopulver darüber sieben und zu einem spritzfähigen Teig verrühren.

2 Den Teig in einen großen Spritzbeutel mit einer 2,5 cm breiten Spritztülle füllen. 6 cm lange Teigstränge auf die Backbleche spritzen, dann 15 Minuten backen.

3 2 Minuten auf den Backblechen abkühlen lassen, dann zum Auskühlen auf Kuchengitter legen. Die Enden der Plätzchen in die geschmolzene Schokolade tauchen und vor dem Servieren fest werden lassen.

Lebkuchen

Ergibt etwa 60 Stück **Vorbereitung: 40 Min.** **Zubereitung: 25 Min.**

Würziger Lebkuchen – eine deutsche Spezialität – gehört traditionell in die Weihnachtszeit. Umso pfiffiger ist es, wenn Sie ihn zu einer anderen Jahreszeit anbieten.

ZUTATEN

3 Eier
200 g brauner Zucker
55 g Mehl
2 TL Kakaopulver
1 TL Zimt
½ TL Kardamom
¼ TL gemahlene Gewürznelken
¼ TL Muskat
175 g gemahlene Mandeln
55 g kandierte Früchte, fein gehackt

DEKORATION

115 g Zartbitterschokolade, geschmolzen und abgekühlt (siehe Seite 9–10)
115 g weiße Schokolade, geschmolzen und abgekühlt (siehe Seite 9–10)
Kandiszucker

Variation

Statt die Lebkuchen mit Kandis zu bestreuen, können Sie sie auch mit Puderzucker bestäuben.

Tipp

Setzen Sie die Lebkuchen nach dem Eintauchen in Schokolade in Schritt 3 auf Backpapier. Sie halten sich in einem luftdicht schließenden Gefäß bis zu 3 Tage.

1 Den Backofen auf 160 °C vorheizen. Mehrere Backbleche mit Backpapier auslegen. Eier und Zucker in einer kleinen Glasschüssel auf einen Topf mit leicht köchelndem Wasser stellen. Dick und schaumig schlagen. Die Schüssel vom Topf nehmen und weitere 2 Minuten schlagen.

2 Mehl, Kakaopulver, Zimt, Kardamom, Nelkenpulver und Muskat hineinsieben, dann Mandeln und Früchte unterziehen. Den Teig teelöffelweise auf den Backblechen verteilen und leicht verstreichen.

3 Die Lebkuchen 15–20 Minuten hellbraun backen. 10 Minuten auf den Blechen abkühlen lassen, dann auf Kuchengittern ganz auskühlen lassen. Die Hälfte der Lebkuchen in die Zartbitterschokolade und die andere Hälfte in die weiße Schokolade tauchen. Mit Kandis bestreuen, fest werden lassen und servieren.

Schoko-Nuss-Kipferln

Ergibt etwa 40 Stück **Vorbereitung: 40 Min.** **Zubereitung: 25 Min.**

Diese kleinen, knusprigen Plätzchen sind eine Abwandlung eines beliebten griechischen Festtagsgebäcks.

ZUTATEN

225 g weiche Butter, plus etwas mehr zum Einfetten
85 g brauner Zucker
1 Eigelb
1 TL Rum
115 g Walnusshälften, grob gemahlen
225 g Mehl, plus etwas mehr zum Ausrollen
55 g Speisestärke
1 EL Kakaopulver
85 g Puderzucker, gesiebt, zum Bestäuben

Variation

Ersetzen Sie für eine italienische Note den Rum durch 1 Teelöffel Amaretto und die Walnüsse durch 115 g gemahlene Mandeln.

Tipp

Kaufen Sie keine schon gemahlenen Walnüsse, da sie zu fein sind. Mahlen Sie sie nach Möglichkeit selber in Ihrem Mixer.

1 Den Backofen auf 180 °C vorheizen. Mehrere Backbleche einfetten. Butter und Zucker in einer Schüssel locker schlagen. Eigelb und Rum, dann die Walnüsse unterrühren. Mehl, Speisestärke und Kakaopulver hineinsieben und zu einem festen Teig verrühren.

2 Mit leicht bemehlten Händen walnussgroße Teigstücke abzupfen und zu 7,5 cm langen, an den Enden spitz zulaufenden Strängen rollen. Zu Halbmonden formen und auf die Backbleche legen.

3 20–25 Minuten backen. 2 Minuten auf den Blechen abkühlen lassen, dann auf einem Kuchengitter auskühlen lassen. Die Kipferln vor dem Servieren vorsichtig in Puderzucker wälzen.

Schoko-Vanille-Schnecken

Zubereitung: 15 Min.

Vorbereitung: 1 Std. 40 Min.

Ergibt etwa 36 Stück

Diese gestreiften Plätzchen sehen sehr einladend aus und sind einfach zuzubereiten – ein idales Gastgeschenk.

Variation

Zur farblichen Variation können Sie die Teige auch in umgekehrter Reihenfolge aufeinander legen.

Tipp

Rollen Sie den Teig fest ein, da die Plätzchen sonst reißen. Wenn sich beim Rollen Risse bilden, drücken Sie sie mit den Fingern wieder zu.

ZUTATEN

225 g weiche Butter, plus etwas mehr zum Einfetten

115 g brauner Zucker

325 g Mehl, plus etwas mehr zum Bestäuben

1 EL Kakaopulver

5 Tropfen Vanillearoma

1 2 oder 3 Backbleche einfetten. Butter und Zucker locker schlagen. Die Hälfte der Mischung in eine zweite Schüssel füllen und 150 g Mehl sowie das Kakaopulver zugeben. Das Vanillearoma in die andere Hälfte einrühren. Das restliche Mehl hineinsieben. Beide Mischungen zu festen, elastischen Teigen verarbeiten.

2 Die Teige jeweils auf einer bemehlten Arbeitsfläche zu einem Rechteck (20 cm x 28 cm) ausrollen. Den Schokoladenteig auf Backpapier legen und mit dem Vanilleteig bedecken. Den Teig mithilfe des Papiers von einer Längsseite her aufrollen. Die Rolle in das Papier einschlagen und 1 Stunde im Kühlschrank fest werden lassen.

3 Den Backofen auf 180 °C vorheizen. Die Teigrolle vom Papier befreien und in fingerdicke Scheiben schneiden. Die Schnecken auf den Backblechen verteilen und 10–15 Minuten goldgelb backen. 2 Minuten auf den Backblechen abkühlen lassen, dann zum Auskühlen auf Kuchengitter legen.

Haselnuss-Schoko-Riegel

Ergibt 12 Stück **Vorbereitung: 40 Min.** **Zubereitung: 30 Min.**

Diese knusprigen Nussriegel sind sehr gehaltvoll und eignen sich darum besonders gut als praktischer Reise-Snack.

ZUTATEN

115 g Butter, plus etwas mehr zum Einfetten
200 g Haferflocken
55 g Haselnüsse, leicht geröstet und gehackt
55 g Mehl
85 g heller Rohrzucker
2 EL Zuckersirup
55 g Zartbitter-Schokotröpfchen

Variation

Schmelzen Sie für eine Luxus-Variante 115 g Zartbitterschokolade (siehe Seite 9–10), bestreichen Sie die Riegel damit, und lassen Sie die Glasur fest werden.

Tipp

Statt im Topf können Sie Butter, Zucker und Sirup auch 2½ Minuten in der Mikrowelle (Mittelhitze) erwärmen.

1 Den Backofen auf 180 °C vorheizen. Eine flache quadratische Backform (24 cm) einfetten. Haferflocken, Haselnüsse und Mehl in einer großen Schüssel mischen.

2 Butter, Zucker und Sirup in einem Topf sanft erhitzen, bis der Zucker gelöst ist. Zu den Trockenzutaten geben und gut verrühren. Die Schokotröpfchen einrühren.

3 Die Mischung in die Form geben und 20–25 Minuten goldbraun backen. Mit einem Messer 12 Rechtecke markieren und den Teig in der Form abkühlen lassen. Anschließend in Rechtecke schneiden, aus der Form heben und servieren.

Schokocreme-Doppeldecker

Zubereitung: 20 Min.

Vorbereitung: 2 Std. 25 Min.

Ergibt 12 Stück

Zwischen zwei zart gewürzten Mürbeteig-Keksen kommt die leckere Schokoladencreme besonders gut zur Geltung.

Tipp

Servieren Sie die Kekse möglichst rasch nach der Zubereitung, da sie sonst durchweichen. Sie halten sich ohne Creme in einem luftdicht schließenden Gefäß bis zu 3 Tage.

ZUTATEN

125 g weiche Butter

75 g Puderzucker

125 g Mehl

40 g Kakaopulver

½ TL Zimt

FÜLLUNG

125 g Zartbitterschokolade, in Stücke gebrochen

50 g Schlagsahne

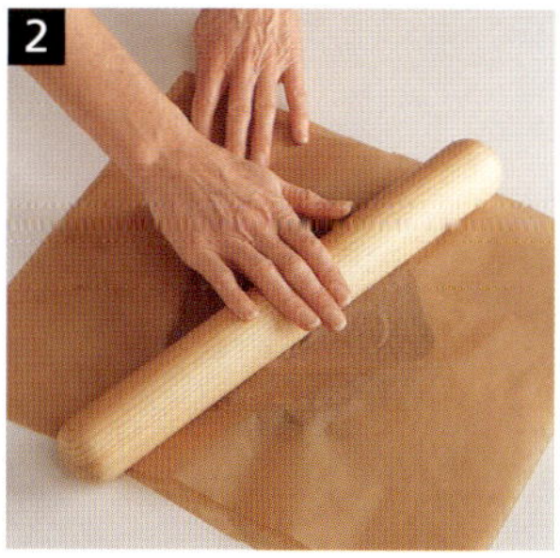

1 Den Backofen auf 160 °C vorheizen. Ein Backblech mit Backpapier auslegen. Butter und Zucker in einer großen Schüssel locker schlagen. Mehl, Kakaopulver und Zimt hineinsieben und zu einem geschmeidigen Teig verarbeiten.

2 Den Teig zwischen 2 Stücken Backpapier auf 3 mm Dicke ausrollen. 6 cm große Scheiben ausstechen und auf dem Backblech verteilen. 15 Minuten backen. 2 Minuten auf dem Backblech abkühlen lassen, dann zum Auskühlen auf ein Kuchengitter legen.

3 Schokolade und Sahne für die Füllung in einem Topf sanft erhitzen, bis die Schokolade geschmolzen ist. Glatt rühren und abkühlen lassen, dann 2 Stunden im Kühlschrank fest werden lassen. Jeweils einen Keks mit einem Löffel Schokoladencreme bestreichen, mit einem zweiten Keks abdecken und servieren.

Ananas-Kirsch-Florentiner

Ergibt etwa 14 Stück

Vorbereitung: 2 Std. 15 Min.

Zubereitung: 12 Min.

Florentiner sind eine Kombination aus Früchten und Nüssen in einem fein-knusprigen Gebäck mit Schokoladenüberzug. Sie schmecken besonders gut zu Vanilleeis.

ZUTATEN

55 g Butter
40 g Demerarazucker
1 EL Zuckersirup
55 g Mehl, gesiebt
25 g kandierte Angelikastängel, grob gehackt
25 g kandierte Kirschen, grob gehackt
55 g Mandelblättchen, grob gehackt
55 g kandierte Ananas, grob gehackt
1 TL Zitronensaft
115 g Zartbitterschokolade, geschmolzen und abgekühlt (siehe Seite 9–10)

Variation

Statt Zartbitterschokolade kann man auch weiße Schokolade verwenden. Bestreichen Sie eine Hälfte mit weißer, die andere mit dunkler Schokolade.

Tipp

Lösen sich die Florentiner schwer vom Blech, geben Sie das Blech erneut für 2 Minuten in den Backofen und heben Sie das Gebäck dann sofort ab.

1

2

3

1 Den Backofen auf 180 °C vorheizen. Mehrere Backbleche mit Backpapier auslegen. Butter, Zucker und Sirup in einem Topf sanft erhitzen, dann Mehl, Angelikastängel, Kirschen, Mandeln, Ananas und Zitronensaft einrühren.

2 Walnussgroße Häufchen der Mischung auf den Backblechen verteilen und mit einer Gabel flach drücken. 8–10 Minuten goldgelb backen. Allzu unregelmäßige Ränder mit einem Palettmesser abstechen. 1 Minute auf den Blechen abkühlen lassen, dann zum Auskühlen auf Kuchengitter legen.

3 Die Unterseite jedes Florentiners noch auf dem Kuchengitter mit Schokolade bestreichen. Mit der Gabel Wellenmuster durch die Schokolade ziehen. Fest werden lassen und servieren.

Tiffin

Zubereitung: 5 Min.

Vorbereitung: 9 Std. 40 Min.

Ergibt 12 Stück

Ein Tiffin ist ein Kuchen, der nicht gebacken wird. Er profitiert von Zartbitterschokolade, Trockenfrüchten und Nüssen. Man kann ihn gut in kleine Stücke schneiden und zum Kaffee servieren.

Variation

Machen Sie den Tiffin für Kinder, ersetzen Sie den Weinbrand einfach durch Orangensaft.

Tipp

Ziehen Sie als Dekoration mit einer Gabel Wellenlinien durch die noch weiche Schokoladenglasur.

ZUTATEN

55 g Butter, plus etwas mehr zum Einfetten
55 g Rosinen
2 EL Weinbrand
115 g Zartbitterschokolade, in Stücke gebrochen
115 g Milchschokolade, in Stücke gebrochen
2 EL Zuckersirup
175 g Vollkornplätzchen, grob zerkrümelt
55 g Mandelblättchen, leicht geröstet
25 g kandierte Kirschen, gehackt

GLASUR

100 g Zartbitterschokolade, in Stücke gebrochen
20 g Butter

1 Eine flache quadratische Backform (18 cm) einfetten und den Boden mit Backpapier auslegen. Rosinen und Weinbrand in einer Schüssel 30 Minuten ziehen lassen. Schokolade, Butter und Sirup in einem Topf sanft erhitzen, bis die Schokolade geschmolzen ist.

2 Plätzchenkrümel, Mandeln, Kirschen, Rosinen und Weinbrand unter die Schokolade rühren. Den Teig in die Form geben und abkühlen lassen. Abdecken und 1 Stunde kalt stellen.

3 Schokolade und Butter für die Glasur in einer kleinen Glasschüssel auf einen Topf mit leicht köchelndem Wasser stellen, bis die Schokolade geschmolzen ist. Glatt rühren und auf dem Teigboden verteilen. 8 Stunden oder über Nacht in den Kühlschrank stellen. Zum Servieren in Riegel oder Quadrate schneiden.

Schoko-Shortbread

Für 8 Personen **Vorbereitung: 40 Min.** **Zubereitung: 40 Min.**

Einfacher und köstlicher geht es nicht – saftige englische Mürbeteig-Plätzchen mit Schokotröpfchen.

ZUTATEN

115 g Butterflocken, plus etwas mehr zum Einfetten
115 g Mehl
55 g Maismehl
55 g brauner Zucker
40 g Zartbitter Schokotröpfchen

Variation

Ersetzen Sie das Maismehl für eine knusprigere Konsistenz durch feinen Hartweizengrieß. Verwenden Sie weiße und Milchschokoladen-Tröpfchen.

Tipp

Ritzen Sie die gewünschten Portionen mit einem Messer ein, sobald der Kuchen aus dem Backofen kommt. Dadurch lässt er sich später leichter in einzelne Stücke schneiden.

1 Den Backofen auf 160 °C vorheizen. Eine Obstkuchenform (23 cm Ø) mit Butter einfetten. Mehl und Maismehl in eine große Schüssel sieben. Zunächst den Zucker, dann die Butter unterrühren, bis der Teig bindet.

2 Den Teig in die Form drücken. Mehrfach mit einer Gabel einstechen. Die Schokotröpfchen darauf verteilen und leicht andrücken.

3 35–40 Minuten backen, bis der Teig gar, aber nicht gebräunt ist. Mit einem scharfen Messer in 8 Portionen schneiden. 10 Minuten in der Form abkühlen lassen, dann zum Auskühlen auf ein Kuchengitter stellen.

Schoko-Karamell-Schnitten

Zubereitung: 30 Min.

Vorbereitung: 4 Std. 40 Min.

Für 12 Personen

Hier handelt es sich um eine äußerst edle Mürbeteig-Kreation mit köstlichem Karamell und knackiger Schokolade.

Variation

Für eine weiße Glasur ersetzen Sie die Zartbitterschokolade durch die gleiche Menge weiße Schokolade.

Tipp

Seien Sie beim Kochen des Karamells sehr aufmerksam, da er leicht ansetzt und am Topfboden anbrennt. Rühren Sie ihn unablässig, bis er andickt und nehmen Sie ihn dann sofort vom Herd.

ZUTATEN

115 g Butter, plus etwas mehr zum Einfetten

175 g Mehl

55 g brauner Zucker

200 g Zartbitterschokolade, in Stücke gebrochen

KARAMELL

175 g Butter

115 g brauner Zucker

3 EL Zuckersirup

400 g Kondensmilch

1. Den Backofen auf 180 °C vorheizen. Eine flache quadratische Backform (23 cm) einfetten und den Boden mit Backpapier auslegen. Butter, Mehl und Zucker mit der Küchenmaschine rühren, bis der Teig bindet. In die Form drücken und glatt streichen. 20–25 Minuten goldgelb backen.

2. Für den Karamell Butter, Zucker, Sirup und Kondensmilch in einem Topf sanft erhitzen, bis der Zucker gelöst ist. Aufkochen, die Hitze reduzieren und unter Rühren 6–8 Minuten zähflüssig einkochen. Über den Teig gießen und 2 Stunden im Kühlschrank fest werden lassen.

3. Die Schokolade schmelzen (siehe Seite 9–10) und abkühlen lassen. Dann auf dem Karamell verstreichen. 2 Stunden im Kühlschrank fest werden lassen. Mit einem scharfen Messer in 12 Stücke schneiden und servieren.

Panforte di Siena

Für 12–16 Personen **Vorbereitung: 10 Min.** **Zubereitung: 40 Min.**

Der kräftig süße Panforte ist eine traditionelle Weihnachtsspezialität aus dem italienischen Siena. Das Kakaopulver kam erst später hinzu, als diese Zutat aus der Neuen Welt in Mode kam.

ZUTATEN

Butter, zum Einfetten
55 g Belegkirschen, geviertelt
115 g gemischtes Orangeat und Zitronat, fein gehackt
25 g Ingwerpflaume, grob gehackt
115 g Mandelsplitter
115 g Haselnüsse, geröstet und grob gemahlen
55 g Mehl
25 g Kakaopulver
1 TL Zimt
¼ TL Gewürznelkenpulver
¼ TL Muskat
¼ TL gemahlener Koriander
115 g flüssiger Honig
115 brauner Zucker
1 TL Orangenblütenwasser
Puderzucker, zum Bestäuben

Variation

Sie können die Kirschen durch getrocknete Preiselbeeren und den Ingwer durch die gleiche Menge kandierte Ananas ersetzen.

Tipp

Der Panforte hält sich in einem luftdicht schließenden Behälter bis zu 2 Monate. Nehmen Sie keinen aus Kunststoff, der den Geschmack trübt. Bestäuben Sie den Panforte vor dem Servieren mit Puderzucker.

1 Den Backofen auf 160 °C vorheizen. Den Boden einer Springform (20 cm Ø) gut einfetten und mit Backpapier auslegen. Früchte, Ingwer, Mandeln und Haselnüsse in eine Schüssel geben. Mehl, Kakaopulver, Zimt, Nelkenpulver, Muskat und Koriander darüber sieben und verrühren. Anschließend zur Seite stellen.

2 Honig, Zucker und Orangenblütenwasser in einem Topf sanft erhitzen, bis der Zucker gelöst ist. Aufkochen und erhitzen, bis die Temperatur 116 °C erreicht oder eine kleine Probe der Mischung in kaltem Wasser eine weiche Kugel bildet.

3 Den Topf schnell vom Herd nehmen und die Trockenzutaten unterrühren. Gründlich vermengen und dann in die Form füllen. Gleichmäßig verstreichen und 30 Minuten backen. In der Form auskühlen lassen, dann den Panforte aus der Form lösen und das Backpapier vorsichtig abziehen. Zum Servieren leicht mit Puderzucker bestäuben und aufschneiden.

Konfekt & Drinks

Es ist erstaunlich einfach, leckeres Konfekt selbst herzustellen. Ein weiterer Vorteil: Man kann die kleinen Naschereien bequem im Voraus zubereiten. Die dekorativen Orangentrüffeln *(Seite 159) oder die unwiderstehlichen* Schokofrüchte *(Seite 164) sind eine überzeugende Alternative zu einem traditionellen Dessert, während selbst gemachte Schokolade ein schönes Geschenk zu vielen Gelegenheiten ist. Die sündhaften* Sahnelikörtrüffeln *(Seite 160) und der* Mokka-Nuss-Fudge *(Seite 163) erfüllen die geheimsten Wünsche jedes Schokoladenliebhabers.*

Schokolade veredelt auch hervorragend heiße Drinks und eine Vielzahl von Spirituosen. Mexicana *beispielsweise (Seite 172) ist eine himmlische Kombination aus Kaffee, Schokolade und Schlagsahne, während* Café Mocha *(Seite 173) mit Kaffee-Eiscreme lockt. Kinder werden den* Schnellen Schoko-Shake *(Seite 170) lieben – selbst die notorischen Milchverweigerer!*

Orangentrüffeln

Zubereitung: 10 Min.

Vorbereitung: 2 Std. 40 Min.

Ergibt 20 Stück

Die feinen Schokoladentütchen mit ihrer cremigen Trüffelfüllung schmecken genauso gut, wie sie aussehen.

Variation

Stellen Sie Tütchen und Füllung nach Belieben ganz oder zum Teil mit weißer Schokolade her.

Tipp

Ziehen Sie die Orangenzesten mit einem Zesteur ab, oder schälen Sie die Orange mit einem Gemüseschäler und scheiden die Schale dann klein.

ZUTATEN

280 g Zartbitterschokolade, in Stücke gebrochen
½ TL Sonnenblumenöl
150 g Schlagsahne
fein abgeriebene Schale von ½ Orange
1 EL Cointreau

DEKORATION

gehackte Nüsse
dünne Orangenzesten

1 20 Förmchen vorbereiten: Dazu je 2 Papier-Pralinenförmchen ineinander stellen. 150 g Schokolade mit dem Öl schmelzen (siehe Seite 9–10) und glatt rühren. Die Förmchen damit dick ausstreichen. 1 Stunde im Kühlschrank fest werden lassen, dann eine zweite Schicht Schokolade auftragen. 1 weitere Stunde kalt stellen.

2 Sahne und Orangenschale in einem Topf erhitzen, aber nicht kochen. Vom Herd nehmen, die restlichen Schokoladenstücke zugeben und glatt rühren. Erneut unter Rühren kurz aufwallen lassen. Vom Herd nehmen und den Cointreau einrühren. Abkühlen lassen. Die Papierförmchen von den Schokoladentütchen abziehen.

3 Die Schokoladencreme steif schlagen, dann in einen großen Spritzbeutel mit Sterntülle füllen. Die Creme in die Tütchen spritzen. Einen Teil der Trüffeln mit gehackten Nüssen, den anderen mit Orangenzesten dekorieren. Abgedeckt im Kühlschrank aufbewahren und binnen 2–3 Tagen verbrauchen.

Sahnelikörtrüffeln

Ergibt etwa 24 Stück

Vorbereitung: 12 Std. 35 Min.

Zubereitung: 10 Min.

Trüffeln sind allem Anschein entgegen leicht zuzubereiten und beeindrucken immer wieder die Gäste.

ZUTATEN

150 g Schlagsahne

225 g Zartbitterschokolade, in Stücke gebrochen

25 g Butter

3 EL Sahnelikör

ÜBERZUG

115 g weiße Schokolade, in Stücke gebrochen

115 g Zartbitterschokolade, in Stücke gebrochen

Variation

Statt des Sahnelikörs kann man Weinbrand, Rum oder Grand Marnier verwenden. Wälzen Sie die Trüffeln nach der Schokolade in gehackten Nüssen.

Tipp

Ist die Trüffelmischung zum Rollen zu fest geworden, lassen Sie sie bei Zimmertemperatur weich werden. Die Trüffeln halten sich im Kühlschrank in einem luftdichten Gefäß ca. 1 Woche.

1 Die Sahne in einem Topf bei schwacher Hitze erwärmen, aber nicht kochen. Vom Herd nehmen und Schokolade und Butter einrühren. 2 Minuten ruhen lassen, dann glatt rühren. Den Likör einrühren. Die Mischung zum Abkühlen in eine Schüssel füllen. Abdecken und 8 Stunden oder über Nacht im Kühlschrank fest werden lassen.

2 Ein Backblech mit Backpapier auslegen. Die Trüffelmischung zu kleinen Kugeln rollen. Die Kugeln auf das Backblech legen und 2–4 Stunden in den Kühlschrank stellen. Für den Überzug die weiße Schokolade schmelzen (siehe Seite 9–10) und leicht abkühlen lassen.

3 Die Hälfte der Trüffelkugeln auf Spieße stecken und in die weiße Schokolade tauchen. Auf Backpapier fest werden lassen. Die Zartbitterschokolade schmelzen, leicht abkühlen lassen, dann die restlichen Trüffeln an Spießen hineintauchen. Lagern Sie die Trüffeln einzeln zwischen Backpapier (siehe Tipp).

Weiße Pistazientrüffeln

Zubereitung: 5 Min.

Vorbereitung: 10 Std. 30 Min.

Ergibt 26–30 Stück

Diese edlen Trüffeln sind der krönende Abschluss für ein Festmahl und kommen in einer Glasschale besonders gut zur Geltung.

Variation

Verwenden Sie Schokolade mit Kaffee- oder Orangenaroma und gehackte Haselnüsse, Walnüsse oder Mandeln.

Tipp

Die Trüffeln sehen besser aus, wenn sie nicht allzu glatt gerollt sind. Wälzen Sie sie nur kurz im Puderzucker, da sie sonst zu süß werden.

ZUTATEN

100 g weiße Schokolade, in Stücke gebrochen

15 g Butter

75 g Schlagsahne

25 g geschälte ungesalzene Pistazien, fein gehackt

Puderzucker, zum Überziehen

1 Die Schokolade mit Butter und Sahne im Wasserbad schmelzen. Die Schüssel vom Topf nehmen, sanft umrühren, dann die Pistazien einrühren. Abkühlen lassen und mit Frischhaltefolie abgedeckt 8 Stunden oder über Nacht in den Kühlschrank stellen.

2 Ein Backblech mit Backpapier auslegen. Die Trüffelmischung teelöffelweise zu Kugeln formen. Die Trüffeln auf das Backblech setzen und 2 Stunden im Kühlschrank fest werden lassen.

3 Die Trüffeln kurz vor dem Servieren in Puderzucker wälzen.

Mokka-Nuss-Fudge

Zubereitung: 20 Min.

Vorbereitung: 2 Std. 15 Min.

Ergibt 80 Stück

Mit diesem Rezept kann man so viel köstlichen Fudge herstellen, dass es zum selber Essen, Teilen und Verschenken reicht.

Variation

Ersetzen Sie die Pekannüsse durch gehackte, ungesalzene Pistazien, Paranüsse, Mandeln oder Walnüsse.

Tipp

Am besten verwendet man zum Überprüfen der Temperatur ein Zuckerthermometer, das man in jedem gut sortierten Küchengeschäft erhält.

ZUTATEN

250 g Butter, plus
etwas mehr zum Einfetten
300 ml Milch
1 kg brauner Zucker
2 EL Instant-Kaffeepulver
2 EL Kakaopulver
2 EL Zuckersirup
400 ml Kondensmilch
115 g geschälte Pekannüsse, gehackt

1 Ein Biskuitblech (30 cm x 23 cm) einfetten. Milch, Zucker und Butter in einem großen Topf bei schwacher Hitze verrühren, bis der Zucker gelöst ist. Kaffee, Kakaopulver, Sirup und Kondensmilch einrühren.

2 Aufkochen und unter ständigem Rühren 10 Minuten kochen, bis eine Temperatur von 116 °C erreicht ist oder eine kleine Probe der Mischung in kaltem Wasser eine Kugel bildet.

3 5 Minuten abkühlen lassen, dann kräftig mit einem Holzlöffel durchrühren, bis die Mischung andickt. Die Nüsse unterrühren. So lange weiter rühren, bis die Mischung eine karamellartige Konsistenz annimmt. Rasch auf das Blech gießen und an einem kühlen Ort fest werden lassen. Den Fudge zum Servieren in Quadrate schneiden.

Schokofrüchte

Für 4 Personen **Vorbereitung: 45 Min.** **Zubereitung: 5 Min.**

Mit Schokolade überzogenes frisches Obst ist leichter als ein pures Schokoladendessert – die ideale Nachspeise also für eine sehr gehaltvolle Mahlzeit.

ZUTATEN

12 große Kirschen mit Stiel

12 Physalis

200 g Zartbitterschokolade, in Stücke gebrochen

1 EL Sonnenblumenöl

Variation

Kleine Erdbeeren sind eine schöne Alternative oder auch Ergänzung zu Kirschen und Physalis.

Tipp

Mit Schokoladenfrüchten kann man auch hervorragend Kuchen und Desserts dekorieren – am effektvollsten auf einer Schicht Puderzucker.

1 Ein Backblech mit Backpapier auslegen. Die Kirschen waschen und trocknen. Die Hüllblätter der Physalis zurückziehen und zu einem „Stiel" verdrehen.

2 Schokolade und Öl in einer kleinen Glasschüssel auf einen Topf mit sanft köchelndem Wasser stellen, bis die Schokolade geschmolzen ist. Vom Herd nehmen, glatt rühren und leicht abkühlen lassen. Die Früchte in die Schokolade tauchen und abtropfen lassen. Sie müssen nicht vollständig überzogen sein.

3 Die Früchte auf das Backblech setzen. Falls die Schokolade auf dem Papier eine Lache bildet, ist sie zu warm und muss noch etwas abkühlen. Wenn die Schokolade in der Schüssel zu fest wird, erneut über dem heißen Wasser schmelzen. Die überzogenen Früchte 30 Minuten im Kühlschrank fest werden lassen, dann vom Papier lösen. Die Schokofrüchte kann man als Nachtisch servieren oder als Dekoration für ein anderes Dessert verwenden.

Paranuss-Crossies

Zubereitung: 10 Min. **Vorbereitung: 20 Min.** **Ergibt etwa 20 Stück**

Hier umhüllt die Zartbitterschokolade Fudge-Stücke, weiße Schokolade und Paranüsse. Diese Köstlichkeit verdient die beste Schokolade, die Sie finden können.

Tipp

Bewahren Sie die Crossies abgedeckt auf einen Servierteller oder in einem luftdicht schließenden Behälter an einem kühlen Ort auf. Im Kühlschrank halten sie sich bis zu 3 Tage.

ZUTATEN

Öl, zum Einfetten

350 g Zartbitterschokolade, in Stücke gebrochen

85 g geschälte Paranüsse, gehackt

175 g weiße Schokolade, grob gehackt

175 g Fudge, grob gehackt

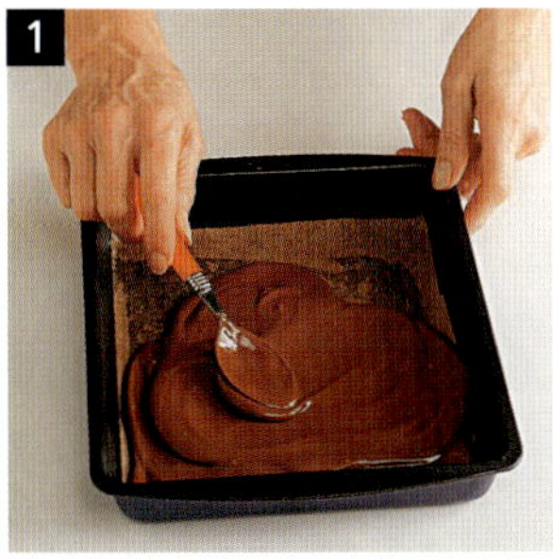

1 Den Boden einer quadratischen Backform (20 cm) mit Öl einfetten und mit Backpapier auslegen. Die Hälfte der Zartbitterschokolade schmelzen (siehe Seite 9–10) und in der Form verstreichen.

2 Die Schokoladenschicht mit Paranüssen, weißer Schokolade und Fudge bestreuen. Die restliche Zartbitterschokolade schmelzen und darüber gießen.

3 Fest werden lassen, dann mit der Spitze eines kräftigen Messers in unregelmäßige Stücke brechen.

Aprikosen-Mandel-Hütchen

Zubereitung: 5 Min.

Vorbereitung: 4 Std. 10 Min.

Ergibt 24–28 Stück

Diese kleinen Köstlichkeiten sind äußerst schnell und einfach zuzubereiten. Reichen Sie sie nach dem Abendessen zum Kaffee.

Variation

Zu diesem Rezept passen auch Datteln. Ersetzen Sie die Aprikosen durch die gleiche Menge gehackte Datteln.

Tipp

Diese Leckerei können auch Kinder zubereiten, solange man ihnen beim Schmelzen der Schokolade hilft.

ZUTATEN

115 g Zartbitterschokolade, in Stücke gebrochen

2 EL flüssiger Honig

115 g Trockenaprikosen, gehackt

55 g abgezogene Mandeln, gehackt

1 Schokolade und Honig in einer Glasschüssel auf einen Topf mit leicht köchelndem Wasser stellen, bis die Schokolade geschmolzen ist.

2 Aprikosen und Mandeln unter die geschmolzene Schokolade rühren.

3 Die Mischung teelöffelweise in Papier-Pralinenförmchen füllen und 2–4 Stunden fest werden lassen. Servieren.

Torrone molle

Ergibt 24 Stück

Vorbereitung: 8 Std. 30 Min.

Zubereitung: 15 Min.

Diese italienische Spezialität kombiniert hochwertige Zartbitterschokolade mit gemahlenen Nüssen und Butterkeksen.

ZUTATEN

Öl, zum Einfetten
175 g weiche Butter
175 g Zartbitterschokolade, geschmolzen (siehe Seite 9–10)
55 g Walnusshälften, grob gemahlen
55 g blanchierte Mandeln, grob gemahlen
55 g Haselnüsse, grob gemahlen
115 g brauner Zucker
3 EL Wasser
1 EL Weinbrand
175 g Butterkekse

Variation

Ersetzen Sie den Weinbrand einmal durch Rum und die Haselnüsse durch grob gemahlene Pekannüsse.

Tipp

Wenn Sie die Nüsse im Mixer selbst mahlen, hacken Sie sie nicht zu lange, da sie sonst ölig werden und das Gebäck verderben.

1 Ein Biskuitblech (28 cm x 20 cm) mit Öl einfetten. Die Butter mit der Schokolade in einer Schüssel glatt rühren. Walnüsse, Mandeln und Haselnüsse unterrühren. Zucker und Wasser in einem Topf erhitzen, bis der Zucker gelöst ist.

2 Die Zuckermischung unter ständigem Rühren erhitzen, bis sie eine Temperatur von 116 °C erreicht oder eine kleine Menge der Mischung in kaltem Wasser eine weiche Kugel bildet. Einige Minuten abkühlen lassen, dann kräftig schlagen. Unter ständigem Rühren in die Schokoladenmischung gießen und glatt rühren.

3 Den Weinbrand einrühren. Die Kekse in mandelgroße Stücke brechen und vorsichtig unter die Mischung heben. Den Teig in die Form geben und glatt streichen. Abdecken und 8 Stunden oder über Nacht in den Kühlschrank stellen. Kurz vor dem Servieren aus dem Kühlschrank nehmen und in Rauten schneiden.

Schneller Schoko-Shake

Für 2 Personen **Vorbereitung: 5 Min.** **Zubereitung: 0 Min.**

Mit diesem Rezept können Sie Kinder problemlos dazu bringen, Milch zu trinken – aber nicht nur Kinder!

ZUTATEN

6 gehäufte EL Vanille-Eiscreme
4 EL Trinkschokoladenpulver
300 ml Milch
1 Rolle Borkenschokolade, grob zerkleinert
Zimt, zum Bestäuben

Variation

Für einen Schokoladen-Shake ersetzen Sie das Vanilleeis durch Schokoladen-Eiscreme und dekorieren den Shake mit etwas Kakaopulver.

1 Eiscreme, Schokoladenpulver und Milch in den Mixer geben.

2 Etwa 30 Sekunden mixen, dann in 2 hohe Gläser füllen.

3 Mit Borkenschokolade bestreuen, mit Zimt bestäuben und mit Strohhalmen servieren.

Heiße Trinkschokolade

Zubereitung: 5 Min. **Vorbereitung: 5 Min.** **Für 1–2 Personen**

Einmal davon gekostet und Sie werden nie wieder fertiges Trinkschokoladenpulver verwenden!

Variation

Neben reinem Kakaopulver gibt es in größeren Supermärkten auch feines Schokoladenpulver zum Bestäuben von Cappuccino. Man findet es oft neben dem Kaffee.

ZUTATEN

40 g Zartbitterschokolade, in Stücke gebrochen

300 ml Milch

2 EL geschlagene Sahne, zum Dekorieren

Kakaopulver, zum Bestäuben

1 Die Schokolade in einen großen Messbecher geben. Die Milch in einem Topf aufkochen. Etwa ein Viertel der Milch über die Schokolade gießen und ruhen lassen, bis die Schokolade weich ist.

2 Milch und Schokolade glatt rühren. Die übrige Milch wieder aufkochen und unter ständigem Rühren zur Schokoladenmischung gießen.

3 Die Trinkschokolade in vorgewärmte Becher oder Tassen füllen, mit Schlagsahne dekorieren und mit Kakaopulver bestäuben. Sofort servieren.

Mexicana

Für 2 Personen **Vorbereitung: 5 Min.** **Zubereitung: 0 Min.**

Dieser süße Drink aus Schokolade, Kaffee und Rum hebt merklich die Stimmung. Servieren Sie ihn in hohen Teegläsern.

ZUTATEN

25 g Zartbitterschokolade

300 ml heißer schwarzer Kaffee

25 g brauner Zucker

1 EL Rum

DEKORATION

2 EL Schlagsahne

Instant-Kaffeepulver

Variation

Wenn Sie wenig Zeit haben, können Sie auch Sprühsahne verwenden. Sprühen Sie die Sahne auf den Kaffee und servieren Sie ihn.

1 Schokolade, Kaffee und Zucker in den Mixer geben.

2 Gründlich verrühren, dann den Rum zugießen, mixen und in 2 hohe, hitzefeste Gläser füllen.

3 Mit Schlagsahne dekorieren und mit etwas Kaffeepulver bestreuen. Sofort servieren.

Café mocha

Zubereitung: 5 Min. **Vorbereitung: 5 Min.** **Für 2 Personen**

Genuss pur für Kaffe- und Schokoladenliebhaber. Verwenden Sie nur hochwertige Eiscreme, oder bereiten Sie sie selbst zu.

Tipp

Sie können die Kaffee-Eiscreme auch durch Vanille- oder Schokoladen-Eiscreme ersetzen.

ZUTATEN

55 g Zartbitterschokolade, in Stücke gebrochen

2 EL Wasser

25 g brauner Zucker

225 ml Milch

125 ml frisch aufgebrühter starker schwarzer Kaffee

2 Kugeln Kaffee-Eiscreme

2 EL Schlagsahne, zum Dekorieren (nach Belieben)

1 Schokolade, Wasser und Zucker in einem Topf sanft erhitzen, bis Schokolade und Zucker geschmolzen sind. Glatt rühren. Etwas Schokoladensauce für die Dekoration beiseite stellen.

2 Die Milch in die Schokoladensauce einrühren. Den Kaffee auf zwei vorgewärmte, hitzebeständige Gläser verteilen und mit der Schokoladensauce übergießen.

3 Die Eiscreme hineingeben. Jedes Glas mit einem Esslöffel Schlagsahne dekorieren und mit der beiseite gestellten Schokoladensauce beträufeln. Servieren.

Rezeptverzeichnis

Register

Register